女性研究者とワークライフバランス

キャリアを積むこと、家族を持つこと

Makiko Naka
仲 真紀子
Namiko Kubo-Kawai
久保(川合)南海子

編

新曜社

まえがき

　生きるために、自分の可能性を実現するために、私たちは仕事をする。しかし、仕事ばかりが人生ではない。家族や友人と過ごし、趣味に没頭し、地域に貢献し、仕事以外の豊かな時間をもつことも人生である。仕事と生活の調和を目指す「ワークライフバランス」は、高度に組織化され、多様性がなくなりつつある現代社会の人生を考える上でも、内閣府が主導する様々な制度づくりにおいても、重要な課題となっている。

　ワークとライフのバランスをいかにとるかは、研究職を目指す人においても重要である。特に研究者を目指す女性においては、大学院を修了し、研究を積み重ねてキャリアを築く時期と、結婚、出産、育児の時期が重なるなど、限られたタイムゾーンのなかでワークとライフの目的が対立するようなときがある。このような時期をどう乗り越えていけばよいのだろうか。

　本書は、そういった人生の局面をどうにか乗り越え、工夫してきた5人の心理学者たちが、現実的な問題解決、活用した制度やその効果、パートナーや周囲の人たちとの協力体制、つらい時期の心の持ちようなどを、包み隠さずありのままに描いた本である。

　第1章は、本書を企画し、編者でもある久保（川合）南海子さん。テーマは「就職と妊娠」。大学院で研究しながら就職を目指した日々。結婚や子どもをもつタイミングは、いつか。仕事をしながらの子育てはどうするのか。そして二人目の子どもは……。「一輪車では転んでしまうかもしれないけれど、二輪のママチャリならデコボコ道でもなんとか走れますから」（1章より）

　第2章は、ポスドク研究員としてアメリカで研究生活をスタートした内田由紀子さん。テーマは「遠距離結婚生活」。渡航直前に結婚したが、夫君は東京での勤務。遠距離での結婚、出産、子育てに、二人でどう取り組んだのか。インターネットも味方につけ、「ウェブカメラを使ってスカイプするなど、できる限り『空気感』を共有できる工夫をしました」（2章より）

第3章は、研究所勤務を経て、今は大学で研究、教育に専念する和田由美子さん。テーマは「主夫の支援」。結婚・出産の後に勤務していた研究所の移転や、大学への転職を経験した。遠距離通勤を余儀なくされていた夫君は在宅勤務ができる職を選び、主夫として家事、育児をメインで引き受けることに。「娘が産まれてからの10年間、夫が『家族一緒に暮らす』ことを何よりも重視して柔軟な選択を重ねてくれたおかげで、私たち家族は、これまで一度も別居せずに暮らしてくることができました」（3章より）

　第4章は、大学で研究・教育に携わる郷式徹さん。テーマは「男性の育休による経済的デメリット」。8ヵ月間の育児休暇のイクメン経験から、「育児休暇をとっても経済的にやっていけるのか」という問題を、活用できるさまざまな制度の例を挙げて分析・考察した。「『自分にしかできない仕事がある。だから、育休なんて取れない』というのは、精神衛生上は必要かもしれませんが、単なる妄想です」（4章より）

　第5章は、再び久保（川合）南海子さん。テーマは「病児保育」。第一子に心疾患があった体験を、集中治療室（NICCU）、母親の24時間「付き添い入院」、復職、在宅療養、手術、学内保育室といった過程に沿って綴る。保育室、保育園、保育サポーターさん、ドクターたちとのネットワークの大切さ、ドーンと構える心意気の重要性を伝える。「それでも前を向いて日々の仕事と生活をこなしていけるのは、子どもの母親は自分しかいないという、迷いのないあたりまえの覚悟があってこそなのだと思います」（5章より）

　第6章は、少しだけ（?）年齢の高い筆者（仲真紀子）が、書かせていただいた。四半世紀前の話で恐縮だが、今日にもつながるかもしれない失敗や悩み、考え方の工夫や問題解決などを書いている。「どんなことがあっても二つの世界を持ち続けることは生活を豊かにしてくれるものだと思います。まずはできるところで環境を改善し、できないところは認知的に柔軟に対応し、逆境は問題解決の場だと考えることができれば、と思います」（6章より）

　以上のような各著者の思いや行動が、今大変な時期にある、あるいはこれからどうしようかと考えている読者や、周囲にそのような人がいる読者への励ましやヒントになればと願う。子育ての形態には「これが正しい」はあり得ない。独自の状況でバランスをとろうと努める著者たちの体験を再体験すること

で、「こういうこともできる」「ああいう方法もとれる」という示唆と勇気が伝われば幸いである。そしてさらに言えば、本書が社会における研究者の育成・支援や、少子化の改善、希望のもてるワークライフバランスの構築に少しでもつながるものとなれば、編者の一人としてこれ以上の喜びはない。コラムや付録のＱ＆Ａなども、ぜひ参考にしていただきたい。

　最後になるが、二児の出産、国外出張、家庭と職場の様々な問題のなかですばらしい原稿を書いてくださった著者の皆様、ワークショップで応援し、共感してくださった院生や研究者の方々、たえずサポートしてくださった新曜社の森光佑有さんに、深くお礼を申し上げる。安心して、勇気をもって、ともにワークとライフを堪能していきましょう。

2014年8月

仲　真紀子

女性研究者とワークライフバランス ── 目次

まえがき i

第1章　ある女性研究者のワークとライフ
── 産むまでの悩みどころ
久保（川合）南海子

1. [ワーク] 国立大学の研究所ポスドク／[ライフ] 就職 or 妊娠？ …… 1
    1-1　結婚するなら「思い立ったが吉日」 1
    1-2　悩ましきもの、妊娠・出産 2
    1-3　就職と妊娠・出産の優先順位 3
    1-4　ふと気がつけば、もう後がない！ 4
    1-5　同時にやってきた就職と妊娠 6
    1-6　「案ずるより産むが易し」と思えるまでが問題でした 7

2. [ワーク] 国立大学の研究センター助教／[ライフ] 一人目の妊娠・出産 …… 8
    2-1　職場と家族に支えられた妊婦生活 8
    2-2　仏作っても魂入らず？ 9
    2-3　研究費あれこれ 10

3. [ワーク] 私立大学の学部教員／[ライフ] 二人目の妊娠・出産 …… 11
    3-1　二人目でも悩ましい 11
    3-2　仕事の見通し、少し楽になった子育てと父のリタイア 12
    3-3　「気持ち」を後押ししてくれた周りの女性研究者 13
    3-4　意識を変えるのは難しいからこそ 13

4. ワークライフバランスを楽しもう！ …… 15

　　● コラム ── 配偶者より …… 16

第2章 遠距離結婚生活の中での育児と研究生活
内田 由紀子

1. はじめに …… 19

2. 結婚から妊娠するまで …… 20
 2-1 遠距離結婚生活のはじまり　21
 2-2 子どもを産む決断を後押ししたもの　22
 2-3 妊娠前に話し合ったこと　24

3. 産休から復職までの道のり …… 25
 3-1 妊娠中　25
 3-2 出産後と夫の苦労　26
 3-3 夫の育休　27

4. ふたたび遠距離結婚生活へ …… 28
 4-1 待機児童の憂き目　28
 4-2 保育園への通園開始　29
 4-3 五つの教訓　30

5. 考　察 …… 31
 5-1 男性の育児について　31
 5-2 研究のキャリアについて　34
 5-3 遠距離結婚生活について　36

6. おわりに …… 37

　　● コラム ── 配偶者より …… 39

第3章 主夫に支えられて
── わが家の家事・育児分担の変遷
和田 由美子

1. はじめに …… 41

2. 結婚から出産まで …… 42
    2-1　就職―つくばから横浜へ　42
    2-2　「なんとかなる」と思えるまで　43
    2-3　出産直後の生活　43

3. 「どうにもならない」時期 …… 44
    3-1　研究所の移転―横浜からつくばへ　44
    3-2　仕事が進まない　45
    3-3　研究員としての限界　46
    3-4　転職―つくばから河口湖へ　47

4. 主夫の誕生 …… 49
    4-1　夫の退職　49
    4-2　メンタル・レイバーからの解放　49
    4-3　性差はそれほど大きくない？　51
    4-4　家計責任と家事・育児　52

5. 現在、そしてこれから …… 53
    5-1　現在の生活―河口湖から熊本へ　53
    5-2　家族の最適解をめざして　54

    ● コラム ── 配偶者より …… 56

第4章 男性（夫）が育休を取った場合の経済的デメリット

郷式 徹

1. 育休を取る理由・取らない理由 …… 59

2. 育休の経済的デメリット …… 61
   2-1 経済的デメリットはどの程度リカバリーできるか？ 61
   2-2 育児休業給付金の問題 64

3. 研究者の育休 …… 66
   3-1 育休を取るための事前調整—校務と授業 66
   3-2 研究はあきらめよう—出力系（原稿執筆など）の作業は絶対無理！ 67
   3-3 入力系（論文を読む）も難しい 68
   3-4 赤ちゃんがいてもできること 70
   3-5 それでも時間を作らねばならないこともある 72

4. おわりに …… 72

   ●コラム ── 子連れで在外研究 …… 76

第5章 病児保育といろいろな働き方

久保（川合）南海子

1. 初めての出産と入院生活のはじまり …… 79
   1-1 NICCUを知っていますか？ 79
   1-2 付き添い入院の「寝食問題」 81

2. 退院後に直面したいろいろな壁 …… 83
   2-1 復職への道 83
   2-2 「例外」への脆さ 84

  2-3　慢性疾患は病気なの？　病気じゃないの？　85
  2-4　必要なのは「一緒に考える」ことができる制度　86

3. 復職後の日常 ── 子どもに合わせて変化する保育のかたち …… 87
  3-1　復職のための復職　87
  3-2　酸素ボンベとともに　88
  3-3　学内保育室へ　90
  3-4　今度は緊急入院、そして5度目の手術　90

4. 一連の治療が落ち着いて …… 92
  4-1　それでも子どもは病気になる　92
  4-2　大学の保育室から地元の保育園へ　93

5. 私のワークライフバランス …… 94
  5-1　いろいろな働き方を選べたら　94
  5-2　ふつうでないことは、特別ではない　96
  5-3　信頼できるつながりを育てよう　96

  ● コラム ── 配偶者より …… 98

第6章　今になって思う研究者のワークとライフ
  仲 真紀子

1. はじめに …… 101
  1-1　研究者のワークとライフ　101
  1-2　一次的コントロールと二次的コントロール　102

2. 結婚、妊娠、出産、就職 ── すべてが重なる20〜30代　104
  2-1　就職するまで　104
  2-2　結婚と妊娠・出産　106
  2-3　最初の2年─問題！　問題！　問題！　107
  2-4　それでも毎日は進んでいく　109

3. 職業と生活 …… 110
　3-1　就職　110
　3-2　子どもが3〜5歳の頃　110
　3-3　人の手を借りる！　110
　3-4　在外研究・国外での研究　112

4. 学童期の子育て …… 112
　4-1　学童保育　112
　4-2　預けること、預かること　113

5. 二次的コントロール …… 114
　5-1　ものの見方を変える　114
　5-2　「反射」で片づける　114
　5-3　プライオリティを決める　115

6. おわりに …… 117

　あとがき　119
　付録　本書に関するQ＆A　122

■イラスト＝霜田りえこ
■装　　幀＝銀山宏子

第1章　ある女性研究者のワークとライフ
——産むまでの悩みどころ

久保（川合）南海子

1　ワーク —— 国立大学の研究所ポスドク
　　ライフ —— 就職or妊娠？

1-1　結婚するなら「思い立ったが吉日」

　友人の女性研究者いわく「結婚している女性研究者には、博士号を取ったときに結婚を意識したパートナーがいたという人が多い」——そういわれてみれば、私もそして私の周りでも、たしかにその通りです。博士号を取ったときは「ワーク」が一区切りついたときであり、そこで「ライフ」を考えるよいきっかけなのかもしれません。

　私は博士課程を満期退学したときに結婚し、その翌年に博士号を取得しました。課程の修了と博士号の取得が同時でなかったのは、結婚が理由ではありません。博士論文に必要な英語論文の受理が、審査スケジュールに間に合わなかったからです。結婚したときにはすでに博論の予備審査が始まっていて、博士号の取得が1年後になることがわかっていました。夫は、私が博士を取る前に結婚することに少し躊躇していましたが（けじめがつかないのではないかと、指導教授や私の親へ気を遣ってくれたようです）、私は結婚するなら満期退学のいまがそのときだと思っていました。なぜなら、私と夫の双方の仕事と生活の状況が大きく変わるときだったからです。

　私と夫は、それまで3年ほど愛知県犬山市にある京都大学霊長類研究所にいました。私は日本女子大学から共同利用研究制度で長期滞在している博士課程の学生、夫は研究所の博士研究員（ポスドク）でした。私は日本学術振興会特別研究員（DC）だったのですが、その採用期間は博士課程の満期退学とと

もに終わりました。そして、次の特別研究員（PD）には不採用でした。研究員として研究所には置いてもらえることになっていましたので、これまで通りの研究を続けていくことはできました。ただし、博士号を取得するまでは無給の研究員だったので、つまりは無職のオーバードクターです。

　一方、夫は同じ愛知県内にある名古屋大学に就職が決まり、研究所を出ることになっていました。夫は名古屋大学の官舎に入るつもりでした。そこは家族用の官舎だったので、結婚していれば私もそこに入ることができます。研究所に通勤することも可能でした。まさに渡りに船、学位は1年後にちゃんと取るから！　と夫を説得し、結婚することになりました。

　博士課程に在籍する学生や後輩の若手研究者から、結婚するのによいタイミングについてきかれることがあります。相手がいて結婚のタイミングを気にしているようであれば、まさに「思い立ったが吉日」ではないでしょうか。結婚は出産とは違います。出産・育児による生活の変化に比べれば、結婚による生活の変化など皆無といってもいいでしょう。結婚式？　同居？　家事？　親戚づき合い？　それらは「しなくてもなんとかなる」ものばかりです（私の家族や親戚の皆様、すみません……）。

1-2　悩ましきもの、妊娠・出産

　結婚する時期については悩まなかった私も、妊娠・出産のタイミングについてはかなり悩みました。欲しくなったときがそのタイミングだ！　というだけで妊娠・出産をする気持ちには到底なれませんでした。結婚によって起こる生活や仕事の変化とは比べものにならないくらいの変化があるのが妊娠・出産、そしてそれ以降の長い「子育て」です。仕事も生活も、予想はできないけれどとりあえず自分でなんとかなるというこれまでの人生から、よくわからない想定外の領域に踏み出していく漠然とした不安もありました。

　結婚してから、できれば子どもが欲しいとは思っていましたが、後述するとおり、それが実現するまでには6年かかりました。そのあいだ、私と夫の親は、子どもについてせかすようなことはもちろん、どうするつもりなのかきくこともありませんでした。それは本当にありがたいことでした。自分ではなんともできない状況の中で、迷ったり悩んだりするのはとてもつらいことです。長い間そっとしておいてくれただけに、妊娠がわかったとき、特に義母にそれを伝

えられることが本当に嬉しかったです。共著者（第2章）の内田由紀子さんが妊娠したときにその話をしたら、「その気持ち、わかる！」と共感してくれました。

　私は、妊娠・出産のタイミングを見計らっているあいだ、子どもを持てないのは自分のせいだ、とぽんやりとした引け目を感じていました。子どもは一人で産み育てるわけではない、夫婦の問題だ、と頭ではきちんと納得しているつもりでも、気持ちは少し違っていました。「妊娠・出産・子育て」はワンセットであるはずなのに、はじまりの「妊娠・出産」は女性だけの「作業」なので、どうしても女性の問題としてとらえてしまうのですね。理屈ではわかっていても、実際に妊娠・出産する本人の気持ちはなかなか複雑なのです。

1-3　就職と妊娠・出産の優先順位

　私たちは最初から同居して結婚生活を送れていました。それは本当に幸運なスタートだったと思います。お互いが望む仕事を近くで得ようとしても、就職の機会は限られていて、自分たちにはどうにもならない要素が多いのですから。研究者にとってこの幸運が、たまたま近くでよかったね、というようなレベルでないことはよくわかっていましたので、私たちは仕事と生活の今後の方向について話し合っておきました。

　私たちの優先順位は「同居＞私の就職＞子ども」でした。せっかく同居できて、いままでの研究も続けていられるのだから、できる限りそれを維持しながら私の職を探していく、ということです。愛知県とその近郊は、大学や研究機

関の比較的多いところだとはいえ、地域を限定して就職先を探しているのではなかなか常勤職はありません。学位を取るまで無給の研究員を1年、学位を取ってから単年度のポスドクを2年しているあいだ、常に心は揺れていました。同居と研究テーマを優先してこのままでいくのか、はたまた広く就職活動をして研究者としてひとり立ちしていくべきなのか。夫は、就職を焦ることはない、まだ日本学術振興会の特別研究員（PD）を狙えるうちはそれを目標にしよう、と言って励ましてくれました。それは任期つきの非常勤職とはいえ、3年という期間の長さと勤務先が選べる自由さに加えて、産休にともなう期間の延長があるのも魅力でした。

　単年度のポスドク期間中は、来年度の立場がどうなっているのかが関心事で、そのために仕事をして結果を出すことが重要でしたから、子どものことはまったくといっていいほど考えませんでした。当時の私はまだ20代でしたし、昔からの友人や周りの研究仲間にも子どもがいる人は少なかったので、具体的なイメージもなければ焦りもありませんでした。それよりも単年度のポスドクの心もとなさや、新しい研究テーマについて勉強することのほうが、そのときはよっぽど大きな悩みだったのです。

1-4　ふと気がつけば、もう後がない！

　結婚してから4年目、学振の特別研究員（PD）に採用されました。私は30歳になっていました。来年度の所属について心配しなくてよいのは久しぶりだったので、ようやく一息つける気持ちでした。そして、そろそろ妊娠・出産のことを考えなくてはいけないかな、とちらりと思いました。しかし、PDは常勤職ではありません。3年の猶予ができたとはいえ、次の目標は就職でした。妊娠・出産はまだ後回しにして、いよいよ本腰を入れて就職活動を始めることにしました。このときも、同居が可能な地域での勤務が希望の条件でした。

　しかし、そうやって決意を新たにしても、その条件での募集がなければ、ただ時間ばかりが過ぎていきます。時折、上司や知り合いの先生から、どこそこで公募があるけど遠いから出さないよね？　などと言われて、数少ない機会を素通りするたび、なんともいえない気持ちになりました。鋭意就職活動中！でも募集がないから開店休業中……という、気持ちは切羽詰まりながらも、実際はかなりぼんやりした状態で、あっという間に採用期間3年のうち2年が過

ぎていきました。就職活動としてやることがなくても、メインの仕事はもちろん研究です。目の前にある研究は面白く、新しいテーマでの展開があり、人脈も広がっていきました。

　採用期間があと1年になり、私はまた来年度の仕事を考えなくてはいけない立場になっていました。研究所でのポスドクはもう再任できませんでした。キャリアを継続する手だてとしては、常勤職としてどこかに就職するか、新しいポスドク先を探すか、あと1年のうちに妊娠・出産してPDの採用期間を延長する／そして次にRPDでの採用をめざす、というのが考えられました。つまり、学生時代からそれまで10年ほどマイナーチェンジをしながらも続けていた研究テーマや、8年いた研究所から離れなければ、研究者としてのキャリアが継続しないという大きな岐路に立たされたのでした。

　私たち夫婦は何度も、選択肢の優先順位を決め直しました。就職することが第一ですが、それはこちらが望んでも叶うとは限りません。妊娠・出産にともなうPDの採用期間延長にはその権利行使にあと1年というリミットがありましたから、就職活動とともに妊娠・出産も考えることにしました。そして、就職も妊娠もせずPDの採用期間が終了したときには、改めて仕事と生活のことを考えよう、ということになりました。次の職が決まらずにPDが終了しても、ほかに近隣の大学で非常勤講師もしていたので、最低限のキャリアの空白は免れることができそうでした。そのときは妊娠・出産も引き続き考えておいて、子どもができたら子育てモラトリアムも悪くないよ、と夫は言いました。私は、子どもをダシにモラトリアムっていってもなあ、という気持ちでしたが、職が

第1章　ある女性研究者のワークとライフ　5

ないならそれだけでも御の字です。

　私は「就活」と「妊活」に臨みました。しかし、何度も繰り返すようですが、どちらも自分が望んだからといって、そのようになるものではありません。でも、重要なのは自分の気持ちでした。状況を納得し、そこに踏み出していく気持ちができたのです。思えば私はそれまで、「生活はできるし研究も続けられるし、就職できてないけど、なんとかこれが維持できれば、まあいいかなあ」「子どもはいたらいいけど、いなくても、まあいいかなあ」という曖昧な意識でいました。けれど、PDの期間があと1年となり、年齢も30代半ばが近づいてきたとき、私は初めて「就職したい」「子どもが欲しい」とはっきりとした自分の希望を意識したのです。振り返って考えてみると、それまでの曖昧な気持ちは、自分ではどうにもならないことから逃げている表れだった気がします。現実として後がなくなって、ようやく私は自分の希望と向き合わざるをえなくなりました。自分ではどうにもならないけれど、逃げるわけにもいかない状況で、自分が本当はどうしたいのかを知ることになったのです。これまで、他人が就職したとか出産したという話を聞いても特になんとも思わなかったのに、そう意識してからはうらやましく思っている自分を発見して驚きました。私は仕事と生活、そして気持ちの面でも岐路に立った後、ある方向へ歩き出したことを自覚しました。

1-5　同時にやってきた就職と妊娠

　就職と妊娠、どちらが先に決まるかはわかりません。いずれにしても先に決まったほうへ全力投球しようと決めていました。運を天に任せることにしたのです。就職したらしばらく子どものことは考えない、妊娠したらしばらく次の仕事のことは考えない、というつもりでした。これまで長らくどちらも縁がなかったので、両方がいっぺんにくるとは考えてもみませんでした。就活と妊活、ともにするのは自分ですが、最終的に決めるのは自分ではないので気は楽でした。期待しては落胆するということを何度か繰り返し、なんということか、就職と妊娠は同時にやってきたのです。

　あれほど望んだことが二つとも叶い、私はとても嬉しく、またとても不安でした。しかし、私にどちらを優先するのか選択の余地がなかったことは、本当に幸いなことでした。先に決まったほうに全力で挑んだとしても、退けたもう

一方も気になってしまったでしょう。二つが同時にやってきてくれたということは、それほど望むなら迷うことなくやってごらんと、自分以外の何ものかが手を差し伸べてくれたのかのような思いにかられます。うろたえながらも私は、とにかくやるしかないのだと腹をくくれたのでした。

1-6 「案ずるより産むが易し」と思えるまでが問題でした

「就職したい」「子どもが欲しい」、その希望は急に私の中で出てきたわけではありません。しかし、研究者として出発した当初から持っていたわけでもありません。自分がどうしたいのか、それを自分で見極めていくためには、身近なロールモデルの存在が大きく影響していました。私の場合、それは周りにいた自分より少し年上の女性研究者たちでした。

なかでも、女性研究者としての仕事と生活について具体的なイメージを与えてくれて、私に「就職したい」「子どもが欲しい」という希望を抱かせてくれたのは、現在の職場の先輩教員でもある坂田陽子先生でした。私が現在の勤務先である愛知淑徳大学に初めて関わったのは、坂田先生が産休を取る間の代替教員としてでした。駆け出しのポスドクだった私としては、心理学科の専任教員がする講義を担当させてもらえて貴重な経験になりました。坂田先生が復職された後も、私は非常勤講師として愛知淑徳大学にお世話になっていました。そこで、坂田先生とお会いするたびに「子どもはいいよ〜」と吹き込まれ（？）、仕事と両立するにはこんなことが大変だけど、こういうふうにすれば大丈夫、と彼女自身の具体的な苦労と工夫、何より楽しさを話してくれました。それは、大変そうだけどそうすれば私もできるかも、という気持ちになる話でした。先生のお子さんが成長していく姿と、それに合わせてまた工夫しながら仕事と生活を両立させていく先生を何年も見ているうちに、私は少しずつ自分の望む将来のビジョンをはっきりさせていくことができたのだと思います。

仕事と子どもについて悩んでいる人に、かならずといっていいほど言われるのが「案ずるより産むが易し」の言葉です。実際、踏み出してしまえば本当にその通りなのですが、そういわれても悩みは解決しません。仕事の状況も産んだ後の折り合いも頭ではよくわかっている、「案ずるより産むが易し」もその通りだと思う、それでも悩んでいるのだとしたら？　最後まで悩ましいのは、第一歩が踏み出せない自分の「気持ち」なのではないでしょうか。

自分よりほかに自分の足を進めることはできません。私が踏み出す気持ちになれたのは、少し先の自分をイメージできたことが大切だったように思います。ロールモデルというと大げさですが、折に触れて身近な人の体験を見聞きすることは、私にとって心強い後押しとなりました。いまでも、坂田先生の日々のお話は数年先のわが身の話として参考にさせてもらっています。

2 ワーク ── 国立大学の研究センター助教
   ライフ ── 一人目の妊娠・出産

2-1 職場と家族に支えられた妊婦生活

就職と妊娠が同時にやってきたことで、私は新幹線で名古屋から京都まで通勤する妊婦となりました。名古屋と京都は新幹線で30分ほどでしたから、私にとっては通勤圏でした。結婚して住んでいた名古屋大学の官舎からポスドクをしていた霊長類研究所まで車で片道1時間半、バスと電車では2時間以上かかっていたことを思えば、京都は通えないほどの距離ではなかったのです。夫の実家が京都市内にあり、結婚してから私ひとりでもよく遊びに行っていて、京都という場所になじみもありました。通勤費は手当を支給枠いっぱいもらっても半分に満たない大赤字でしたが、別居する費用と比べればどうということはありません。

私が就職した京都大学こころの未来研究センターは、当時、発足したばかりでした。そこの助教となると、研究の立ち上げから事務雑用まで多くの仕事が待っていました。私は新しい環境での新たな研究に心躍りながらも、一方で出産のために長期休暇を取らなければならない心苦しさでいっぱいでした。やっと就職が決まり、妊娠もできたのに、憂鬱な気持ちで過ごしていました。

悩んでいても仕方ないと意を決して、センター長である吉川左紀子先生に話しに行きました。先生は聞くなりパッと笑顔になり「それはすばらしい、おめでとう!」とおっしゃってくれたのです。一瞬の迷いもなかった先生のお顔を、私はいまでも忘れません。せっかく採用したのに長期休まれるという話を聞けば、思うところもいろいろあったはずです。けれど吉川先生は、とても温かく祝福してくれました。申し訳ないという思いは変わらなくとも、それまで

の鬱々とした気持ちがすっと救われて、涙が出そうになりました。といっても、本当に泣きたかったのは先生たちのほうだったかもしれませんが……。

同僚となった助教の皆さんは、自分の仕事の負担が増えるにもかかわらず、いつも私を気遣ってくれました。私と同年代で、小さなお子さんがいたり、これから出産や、パートナーとの結婚を考えている研究者たちでした。着任にともなってこれまでの拠点を離れることになり専門職の配偶者の仕事をどうするか、別居しての結婚生活で妊娠・出産をどうするか、専門職でその勤務地を離れられないパートナーと結婚生活をどうするか、みんな仕事と生活のバランスを取ることに苦心していました。それぞれの事情を抱えながら親身になって支えてくれた彼らには、本当に励まされました。事務職員の方にもちょうど双子のお子さんが生まれたところで、何かと細やかな心遣いをしてくれました。初めての就職に初めての妊娠という、まさに手探りの毎日をどうにか無事に過ごせたのは、職場の皆さんに恵まれたからと深く感謝しています。

また、だんだんおなかが重くなってくると、さすがに名古屋から京都へ通勤がしんどくなりました。夫の実家は、妊婦のノロノロ速度でも京都大学から徒歩と電車で30分くらいのところなので、そこに帰って泊まらせてもらうこともしばしばでした。泊まらせてもらったうえに、恐縮しつつも上げ膳据え膳で楽をさせてもらい、もう嫁としてどうしようもない体たらくです。義母には産む前も産んだ後も本当にお世話になりました。

2-2 仏作っても魂入らず?

妊娠中に電車で通勤しているとよく席を譲られるのかなと思っていましたが、実はほとんどありませんでした(でも京都には外国人観光客が多くてその人たちはよく譲ってくれました)。そんな話をポスドク時代の上司である正高信男先生にしたことがあります。すると、先生は連載している新聞のコラムで「育児支援の制度を整えることに躍起になっても、働きながら産もうとする女性を思いやる心がなければ少子化はとまらない」ということを書いてくれました。

たしかに、子育てをする女性への支援は昨今、ずいぶんよくなっています。それを活かしていくには、周囲の温かさが大切なのですね。あのキーホルダーをみると、当時の自分の気持ちを思い出して、席を譲っています。

写真1-1　悩ましきキーホルダー　母子手帳と一緒にもらったこれ。京都への通勤鞄につけてましたが、これみよがしに席を譲らせるのもいやだし、かといって見えなきゃつけてる意味がない。ちなみに夫は、このキーホルダーをつけている人に席を譲るのはセクハラみたいな気がして抵抗があるそうです。譲るそうですが。

2-3　研究費あれこれ

　産休・育休を経て復職した後で継続している研究費（科研費や民間助成）はなかったので、産休に入る前に準備が必要でした。「アリとキリギリス」のアリの気分でせっせと申請書類を書きました。科研費の申請を代表者で1件、分担者で2件、民間の助成を2件申請しました。科研費は3件とも、民間は1件が採択されて、復職後も研究がスムーズに再開でき助かりました。戻ったときに研究課題と研究費があるというのは、物理的にはもちろんですが精神的にも心強いことでした。ただ、民間助成の期間は1年間で延長ができなかったため、育児休暇が当初の予定よりも大幅に延びた私は、最初の計画よりも短い期間でやらねばならず、その調整に苦労しました。それでも助成された研究費を活用し、修正した研究計画案で遂行できたのでよかったです。

　また、産休・育休中には、京都大学の産育休者を対象にした研究実験補助者雇用制度を利用しました。自分と研究分野の近いオーバードクターの方を雇用し、休んでいる間にも実験を遂行してもらいました。実験の準備さえ整えておけば、データを取ってもらえるのは助かりました。最初だけ、子どもを抱えて実験現場に出向き、少し様子を見て帰ってきました。科研費などの執行がストップしてしまう産休・育休中は、実験してデータを取ることすらままなりませんが、これなら研究を続行できるのでたいへん重宝しました。

3 ワーク ── 私立大学の学部教員
　ライフ ── 二人目の妊娠・出産

3-1　二人目でも悩ましい

　私は最近、二人目の子どもを出産しました。最初の子どもを産んでから6年、思ったより間隔が長くなってしまいました。その理由の一つは、最初の子どもに先天性の病気があり治療をしなければならなかったため（本書第5章）、心身ともにもうひとり子どもを持つ余裕がなかったからです。一連の治療が落ち着くまで4年くらいかかりました。やれやれと一息ついた5年目、二人目のことをそろそろ考えなくてはなあ、と思えるようになりました。といっても、私はもう30代後半になっていたので、そんなにのんびりしていられる年齢ではありませんでした。しかし、すぐにでも産みたい、という気持ちにはなれなかったのです。

　最初の子どもが生まれてしばらくしてから、私は愛知県長久手市にある愛知淑徳大学に異動しました。夫婦の勤務先が近くなり、研究者として本当に幸運でした。それを機に私たちは家を建てましたが、子どもはまだ一人なのに子ども部屋は二つ用意していました。私も夫も三人きょうだいで育ちました。自分たちの子どもも三人とまでいかなくても、子どもにきょうだいがいないというイメージがなかったからです。夫と子どもの数について真剣に話し合ったことはないですが、特に話し合うこともないくらい、なんとなく二人はいるだろうと思っていました。

　けれど、私にとって二人目の妊娠・出産は単なるイメージで、まるで他人事のようにしか考えられませんでした。それは目の前の子どもの治療があるからだろうと思っていたのですが、いざその理由がなくなってみても、やはり意識は曖昧なままでした。最初の子どもの妊娠・出産であれだけ悩んだのだから、二人目のときはもう悩まず産めるのかな、という考えは甘かったようです。女性研究者にとって二人目の妊娠・出産もそれなりに大きなハードルなのですね。

　平成17年度男女共同参画白書によれば、子持ちの男性研究者の7割近くが二人以上の子どもがいるのに対し、子持ちの女性研究者の約半数が子どもは一人です。実際、私の周りで子どもがいる女性研究者をみても、二人以上のお子さんがいる人は少ないです。一人だけでもこんなにバタバタしているのに、もう

一人なんて……とまたしても踏み出せない自分がいました。そんな私を後押ししたのは、仕事と生活のいくつかの変化と、周りの女性研究者でした。

3-2　仕事の見通し、少し楽になった子育てと父のリタイア

　仕事では、変化というよりも私自身の慣れでした。前職は、大学といっても研究センターの助教でしたから、それまでのポスドク時代と同様に研究が中心の仕事でした。その後、愛知淑徳大学に異動してから研究よりも教育が中心の仕事に就くことになり、私は初めてのゼミ運営や卒論指導、非常勤講師時代とは違う講義や実習の進め方に試行錯誤していたのです。それも3年が経ち、どうにか自分のやり方がつかめてきていました。また学科の一員としても、何が重要で、そのために教員としてどのようなことをすればいいのかがわかってきました。そうなってようやく「休み方」が見えてきたような気がします。

　一方、生活では、子どもの成長がいちばん大きな変化でした。何から何まで手を出さなければいけない状態から、いろいろなことを自分でできるようになっていました。最近の子どもに対応する自分を改めて見直してみると、子どもには手を出しているよりも口であれこれ言っていることのほうが多かったのです。前は物理的に手が塞がっていてどうしようもなかったけれど、いまは口だけだから手は空いているのだ、と気づきました（本当に手がちょっと空いているだけ、なのですがそれでも負担は激減です）。

　生活のもう一つの変化は、実家の父が仕事からほぼリタイアしたことでした。もちろん、父が子育ての戦力になるわけではありません。それまで専業主婦として仕事をする父を支えていた母が心身ともに解放されて、いままでより気軽に手助けをお願いできるようになったのです。子どもが一人だったときには必要なかった種々雑多なことについて、いざとなったら頼める先があるということは実質的にも、そして精神的にもずいぶん助けられ感謝しています（しかし、実際に二人目が産まれてみると、母はもちろんですが、リタイアした父も意外なことに子育ての優れた戦力になっています。これまでまったく家のことはしてこなかった仕事人間だったのですが、父には父のワークライフバランスが変化したのです。感謝するとともに、高齢者心理学の研究者として興味深く観察しています）。

3-3 「気持ち」を後押ししてくれた周りの女性研究者

　このように仕事と生活が変化してきて、まさに二人目の機は熟したかに見えたのですが、私はまだぼんやりとしか考えられない状態でした。一人目のときと同じ、あと一歩を踏み出す気持ちの問題です。時間だけが過ぎていく中で立ち止まっている私を「案ずるより産むが易し」へと押し出してくれたのは、周りにいた女性研究者でした。同じ学科の坂田先生は、ことあるごとに「二人目産んでも育休中のカリキュラム編成のことなら任せてね」と言って私をけしかけて（？）くれました。また、大学内の保育室に子どもを預けていた他学部の先生が、二人目を産んだことにも大きく影響されました。私とほぼ同年代のその先生は夫が長崎県で勤務していたので、別居しながら仕事と子育てをしていたのです。まさかその状態で二人目とは思いもかけず、とても驚きました。まあなんとかやってます、と元気に二人の子育てしている先生を見ているうちに、私にもできるのではないかと思ったのです。そして、二人の子どもを持つことのイメージが漠然としたものから具体的なものへと変化していきました。数ヵ月後に、私は二人目を妊娠しました。そのときにはもう迷いやとまどいもなく、これがタイミングなのだなと思いました。

　状況が整っても気持ちが追いつかなければそれはタイミングとはならないし、また気持ちが先走っても状況が許さないなら焦るばかりです。ワークライフバランスの中でも妊娠・出産は、多かれ少なかれ選択の余地があるだけ、とにかく悩ましい問題です。それは最初だけでなく、二人目のときでもやはり同じなのでした。

3-4　意識を変えるのは難しいからこそ

　二人目の妊娠・出産に迷いやとまどいはなくなったとはいえ、それにともなって仕事を休むことについての気持ちはまた違ったものでした。産休や育休を取ることはたしかに当然の権利だとは思いますが、休むことで職場や学生に対して「申し訳ない」という思いは強くありました。特に、卒業論文の作成に関わるゼミの運営をどうするのか、私が着任してからは前例がなかったのでまったく想像がつかず、妊娠がわかってから職場へそれを告げられる時期になるまで一人で悩み、不安になっていました。

　職場の関係者で真っ先に妊娠のことをお知らせしたのは、同じ学科の先輩教

員であり、学科の教務担当でもあった坂田先生でした。休んだらどうなってしまうのか不安ですという私に対して、坂田先生は、こういう言い方は語弊があるかもしれないけど、と前置きして「大丈夫、久保さんの代わりはいないけど、久保先生の代わりはいるから」とはっきりと言いました。そして「だから安心して休めばいい」と言ってもらい、そうかそうだよね、と当たり前のことに気づいたのです。一人で悩んでいたときには、育休中でも卒論指導はやろうか、などと考えてしまったのですが、夫に止められました。中途半端にやるのが最も悪い、と。たしかに、そんなことをしたら、私が大変なこともさることながら、これから育休を取る先生にそれを求められてしまうかもしれません。無理をして頑張ってきた先輩たちの苦労を繰り返さないことが、これからの研究者にとって重要だとわかっていたつもりの私が、このざまです。意識を変えるというのはなかなか難しいことですね。そうであればこそ、こういう本を出して発信していくことが大切なのだと痛感しました。

　坂田先生はご自分が産休を取ったときのことを参考に、講義の代理はこうする、ゼミの指導はこうする、と具体的な対応を指示してくれました。産休を取った経験のある先生が身近にいたことは本当に心強いことでした。ゼミの運営は、卒論の指導も含めて非常勤の先生に務めてもらうことになりました。私と分野も近く、現在は近隣の研究所でポスドクをしている若手研究者が引き受けてくれました。以前から研究を通して知り合いの方で、愛知淑徳大学の卒業生でもありましたから、短い間ですがゼミの学生ともなじめそうなので安心しました。教員のキャリアとして、非常勤であってもゼミの指導は貴重です。私はできれば、就職活動中のポスドクにこの機会を活用してほしいと思っていましたので、良い巡り合わせでした。

　妊娠・出産を考えている女性研究者は、産休・育休中の代理をお願いできそうな人材について（自分の中だけでも）心当たりや目星をつけておくと、産休・育休を取るうえで職場とのやりとりがスムーズにいくと思います。代わりはいる、けれど実際、研究者は個人営業のようなものです。代わりは誰でもいいわけではありません。自分の代わりは自分で探しておく（あるいは広く探せそうな人を見つけておく）心がけは大切です。

4　ワークライフバランスを楽しもう！

　子どもが二人というのは、子育てにかかる手間が2倍ではなく10倍になるということに産んでみて気がつきました。子どもといるときには口と手が常にフル稼働しています。それでも、大変さが10倍なら楽しさも10倍です。いままでよりもさらに慌ただしい毎日の中で、生活の疲れを仕事で発散し、仕事の疲れを生活で癒しています。

　仕事と生活は人生そのものですから、日々少しずつ、またときに大きく変化していきます。思いがけない展開もあり、私自身この本の企画段階ではまだ二人目のことなど考えていなかったのに、と驚いています。ワークライフバランスとは、変化していく状況をいかに調整するかということですが、それだけでは前に進めないようです。今回、書きながら改めてわかったことは、その時々の自分の気持ちの重要性でした。ワークライフバランスとは、つまるところ自分の生き方を選択しつづけることなのですから、それも当たり前のことかもしれません。仕事と生活、状況と気持ち、選択できることとできないこと……これからも、さまざまな局面で悩みながら進んでいくのだと思います。研究者としての私／妻や母親としての私は、二つの車輪のようなもの。私にとってどちらも大切です。一輪車では転んでしまうかもしれないけれど、二輪のママチャリならデコボコ道でもなんとか走れますから。

コラム

配偶者より

　大学院に入ってからポスドク（研究員）を終えるまでの10年以上、実験と研究に明け暮れる毎日でした。「毎日」というのは比喩ではなく、本当に毎日です。動物を対象とした学習実験をしていたので、休みなく継続しておこないます。そのため、休みといえば正月と学会の出張時くらいで、実験をしている日だけでも年間300日を超える年も珍しくありませんでした。

　大学院生の頃は、自分で複数の実験をかけもちすることもありました。昼から夜にかけて3種類の実験を実施します。その10数年間はラットと霊長類を主たる研究対象としていましたが、ザリガニやサカナ、ウマの研究もしていました。このような暮らしをしていると、研究室にいる時間も長くなります。

　結婚するまでは、週に80時間は仕事（実験や研究）することにしていました。月～金までは毎日13時間、土日はそれぞれ8時間研究室にいると、これで81時間になります。週に5日、毎日8時間の仕事をしている人のちょうど倍になります。1年間経つと、そのような9時～5時的な仕事をしている人より1年分多く仕事をしたことになります。同僚の三輪和久教授にそのことを話すと、彼が留学していた先のハーバート・サイモン教授（ノーベル経済学賞受賞者）も同じようにしていたといっていました。もちろん、そうするだけではノーベル賞はとれませんが、天才も努力をするのだと感心しました。

　就職と同時に結婚し、それからは毎日動物の実験や世話をすることから解放されました。そのかわりに土日は障がいをもったお子さんの療育をすることになりました。妻は土曜日もサルの実験があったので、片道35kmも離れた研究所に通っていたのは、むしろお互いにとって好都合でした。ただ、いつまでそういった生活を続けるのだろうか？　という気持ちもありましたが、わたしはすぐに異動するつもりだったので、それまでのことだろうと高をくくっていました。

　ところが、わたしのほうは当面異動がなくなったので、今度は妻のことを考えなければならなくなりました。その頃には妻も学位を取得していたので、そのまま子どもを産んで家庭に収まるよりも、そしてなによりもわたし自身がサルの実験と密接にかかわっていたかったので、妻がサルの研究を継続できる日

本学術振興会（学振）の特別研究員に採用されることを当面の目標にしました。その目的を達成するために、妻の論文や申請書類を大幅に手直しし、手つかずのままのデータをまとめて論文にしました。ある意味で分業だったわけです。共著の論文は、自分の業績にもなりますが、妻だけにかかわる仕事をわたしが手伝うと、自分の仕事の時間が削られます。それでも家のことやほかのことを任せておけるので、お互いがそれぞれのことをするよりも、得意なことをわけて作業するほうがはるかに効率的だと感じました。基本的にはいまもそのスタンスは変わっていません。

　さいわい妻は学振の研究員に採用されたので、それまで暮らしていたボロボロの官舎をでて、わたしと妻の職場の間に位置する場所に引っ越しました。つぎに考えるのは妻の就職でした。わたしたちのいる中部圏には多くの大学があります。なので、そのうちのどこかで採用されることを目指したわけですが、そう簡単ではありませんでした。就職しないで、子どもを産んで育てるという選択肢も、ここでもありましたが、わたしは中途半端な状況にしておくのが気持ち悪いたちなので、とにかく就職をしてしまうか、あるいは就職をきっぱりあきらめて家庭に収まるか、のどちらかしか考えませんでした。

　けっきょく、就職を目指すことにしたのですが、いま考えてみると自分が責任を回避しようとしたからなのかもしれません。というのも、子どもが生まれると自分にも応分の責任が発生します。しかし、妻が就職するのは基本的に妻の問題です。そんな勝手な計算が働いたのかもしれません。

　後年、女性のワークライフバランスについて考えてみれば、と妻に提案したのは、そのときの罪滅ぼしだったのかもしれません。

　いや、やはり当時は子育てよりも、就職を支援するほうが自分にとってできることが多かったので、そちらに力をかけたのだと思います。　　　（川合伸幸）

第2章 遠距離結婚生活の中での育児と研究生活

内田 由紀子

1 はじめに

　この書籍を手にしておられるのは研究者のワークライフバランスの問題に、社会的・学術的あるいはごく個人的な関心を持っている人ではないだろうかと思います。そしてその中にはこれから結婚や出産を控えている人、あるいはその希望を持っている人が含まれていると思います。

　私自身が結婚し、子どもを産む前にいちばん聞きたかった話はなんだろうと考えてみると、「身近な、けれどもロールモデルになる」話でした。「子育てと研究の両立はパワフルにこなしています。第三者にも誰にも頼らず自分たちでバリバリ仕事をしながら子どもを（しかも三人や四人）育てました」というスーパーウーマンの話を聞いても「ああ、自分には無理だ……やめておこう」と尻込みするだけだったからです。むしろ、普通の人が普通に苦労しながら、それでもなんとかなるのかどうかを知りたかった。

　「ロールモデルになる」ということは、「いろいろあってもトータルにみると幸せに暮らしている」ということではないかと思います。子育てと仕事の話になると、どうしても苦労話が多くなってしまいがちです。子どもを産んだらすっかり研究ができなくなってしまった、とか、子どもがカワイイと思えない……というような話からは「ああ、やはり止めておこう……」となってしまうことでしょう。もちろんそういう苦労は事実として存在します。そしてそれを乗り越えるためにたくさんの人に真剣にこの問題を考えてほしいわけです。しかし一方で、あえて口には出さなくても、「いろいろ大変だけれど子育てはやっぱりかけがえのない仕事」「産んでよかった」と感じられることが多いの

も事実ではないかと思います。しかし、こうした「良かった談」はなぜかなかなか出てこないのが実情です。

　そこでここでは、子育てにも研究生活にも妥協ポイントがありつつ、「トータルでみると子育てしながらの研究生活は楽しい」という話をしたいと思います。

　それはあくまで目標であり、いろいろと書いているとどうしても苦労話が多くなってしまいます。また、私の生活や研究は周囲の人に助けられている「恵まれた話」ですので、参考にならないと思う人もおられるかもしれません。後で述べるように、夫との遠距離結婚生活でいろいろな困難もありますが、夫は育休や在宅勤務をしてくれたので、それが叶わないケースに比べればやはり恵まれているでしょう。

　家庭生活と研究生活のバランスの取り方は、家族の関係性や事情によることであり、他人の話がどれぐらい情報価を持つかはよくわかりません。人の話は人の話に過ぎない中で、第三者の体験談が役に立つとすれば、ライフスタイルの一つのオプションを知ることで、自分の「常識」や「こうあるべき」の再評価をする機会となることにあると思います。遠距離結婚生活も、夫の育児休業も、依然として日本社会の本流とは言えませんが、私の経験を一つのカウンターケースとして呈示できればと思います。

　遠距離結婚や男の育休について、「なぜわざわざそんなことを」と思われる方もおられるでしょう。一方で遠距離結婚は研究者、特に共働きの女性研究者にとってはポピュラーな生活体系の一つでもあります（京都大学男女共同参画推進室による意識・実態調査によると、男性教員の11%、女性教員の25%が配偶者と別居している）。また、父親の育休は現代の働き方における選択肢の一つになりつつあります。私自身、まだ子育ても研究生活も渦中の身なので、客観的に記述できないところもありますが、おつき合いいただければ嬉しいです。

2　結婚から妊娠するまで

　2009年の初春。シアトルの大学で講演を行い、その後フロリダに移動してアメリカの社会心理学会に参加。10日間ほどの旅程を終えて帰国の途につくとき、私はかすかな違和感を抱いていました。予感は的中し、京都に戻ってす

ぐに、小さな命と一緒に旅していたのだということがわかりました。喜びと同時に、大事な時期に無理をしてごめんね、なんとか頑張って！　とまだ見ぬ小さなわが子に向けて祈りました。このときから私の「母親」としての生活が始まったのです。仕事上の役職ならば任期があるけれど、「母親」であることには終わりはない。大きな責任を感じた瞬間でした。

2-1　遠距離結婚生活のはじまり

　私たち夫婦が結婚したのは、その6年前の2003年8月。私がミシガン大学へポスドク留学で出発する「10日前」でした。研究室の後輩だった夫とのつき合いは既に長く、結婚するという将来は見えていたものの、私は博士課程を終えてアメリカへ留学、夫は修士課程を卒業して東京に就職が決まったばかりで、「これからどうする」というのは大きな決断でした。「結婚＝一緒に暮らす」というスタイルにこだわらず、結婚することで大きな安心感を得て、そのうえでしばらくはそれぞれが自分のキャリアアップに専念してみよう、という結論になりました。もちろん「婚約」も一つの選択肢でしたが、やはり「結婚」のほうが安心感は圧倒的でした。一緒に暮らさなくとも、お互いにしっかりとしたつながりがあるということを認識し、周囲もそう理解してくれること（あの人は結婚している、という認識で接してくれる）はとても重要だったと思います。「遠く離れているなら結婚する意味はない」という考えもあると思いますが、他の相手を見つけたいという野心（？）でもない限り、遠く離れていても結婚する、という選択は私たち夫婦にとっては精神的なメリットがありました。

　とはいえ、遠距離結婚も「海外」となると大変です。2003年から2005年まで私はミシガン大学（アメリカ・ミシガン州）とスタンフォード大学（アメリカ・カリフォルニア州）に客員研究員として留学していましたが、時差もあり、ゆっくり話ができるわけではありません。留学当初の1ヵ月間、夫は一緒にミシガンに来てくれましたが、その後、彼が日本に帰国していくときの寂しさは予想以上でした。それでもウェブカメラを使ってスカイプするなど、できる限り「空気感」を共有できる工夫をしました。

　しかし後から考えれば、そのとき私が東京にいたとしても、話せる時間はごく限られていたのです。夫の仕事は非常に忙しく、帰りは毎日夜中の3時頃。終電で帰宅したと聞くと「今日は早いね」という具合でした。一度私が日本に

帰国した時も、夫はほとんど家に帰ってこず、まともに話もできないまま、トボトボとアメリカに戻ったことを覚えています。そう考えると日本で夫の帰りを待つ生活よりは、お互いに違う時間で過ごしているほうが、もめることもなくよかったのかもしれません。

　ポスドク生活が2年目の中頃にさしかかったころ、私に日本での就職話が持ち上がりました。結婚していなければもうしばらくアメリカに滞在するという道を選んでいたと思いますが、結婚生活の維持のためにはいつか日本に帰らねばと考えていましたし、せっかくの就職話でしたので、予定より1年早く留学を切り上げて2005年4月に帰国しました。もちろん、本当は東京での仕事を得ようと望んでいましたが、人生そうすべてがうまくいくものではありません。決まった大学は兵庫県にありました。多少悩みましたが、東京から3時間ぐらいで往き来できるということで、就職を決めました。着任後、月に1回は私が東京へ、もう1回は夫が関西へ、というように2週に1度のペースで週末を一緒に過ごしていました。相変わらず夫の仕事は多忙を極めていましたし（2時、3時の帰宅がスタンダード）、私も初めての教員生活で授業コマ数も多く、毎日いっぱいいっぱいでした。「もし一緒に暮らしていたとしても、一緒に夕飯を食べることも難しいだろう」とお互いに思っており、遠距離結婚生活には特に不満もありませんでした。

2-2　子どもを産む決断を後押ししたもの

　大学に着任して2年ぐらい経った2007年、私は32歳になっていましたが、

私自身はこのとき子どものことを考えていませんでした。仕事もまだまだという感じで、いくら時間があっても足りません。遠距離結婚生活もいつまで続くかわからず、夫は私以上に多忙。こんな状態だったので、そこに「子ども」という選択肢はまったく思いつかなかったのです。しかし、夫は違っていたようです。あるとき「子どもがほしい」と言い出したので、驚きました。
　「私の両親に面倒をみてもらう？　それでいいのか？」「私が東京に異動したらよいのかもしれないけれど、夫は多忙すぎて平日は保育園の送り迎えもできないだろうし、私は頼る人もなく一人頑張るワーキングマザーになるのでは？」「研究は、授業は、どうするの？」……などなど。いくらでも不安材料は飛び出してくるわけです。
　そうした中、私は2008年の1月に京都への異動が決まりました。アメリカ（ミシガン時代には1万4400キロ、スタンフォード時代には1万1200キロ）から兵庫（500キロ）、京都（450キロ）……と「じわじわ」二人の距離は近づいているわけですが、それでも東京は遠い場所のままです。でも学生時代にともに過ごした京都に戻って研究生活を送ることができるというのはすばらしいことであり、夫も喜んでくれました。
　着任する前に、私は勤め先となるところのセンター長に「将来子どもができても大丈夫ですか」ということを尋ねており、「子どもも一緒に皆で育て合っていけるような場所になれば」という返答をいただいていました。しかし異動1年目はいろいろと多忙であり、また、センターも立ち上がったばかりの時期でマンパワーを必要としていたので、「子どもはまだ先かもな……」と考えていました。
　自問自答していた私を後押ししたのは、夫の「子どもができたら、僕が育休を取って関西に来る」という宣言でした。相当強い気持ちなんだなと思い、これにはかなり心を動かされました。
　そうはいっても、不安材料はまだ残ります。「育休ってどれぐらい？」「それが終わって東京に戻ってしまったら、そこから先はどうなるの？」と。そこで最後の一押しをしてくれたのが、共同研究者でもあり人生の先輩でもあった、海外の女性研究者たちの姿でした。その中の一人の先生が京都を訪ねて来られたとき、「仕事のことで迷っているかもしれないけれど、仕事は後から取り戻せることもある。子どもは時期が大事。子どもがいない人生も十分にすばらし

いけれど、もしも子どもを持つ機会に恵まれているのならば、産んでみたらいいよ。そうしたら、きっと一人の子どもに100本、1000本のトップジャーナルでの論文公刊とは比べものにならないような価値を感じることができる」と言われました。二児の母で、研究者としても一流の彼女からのこのアドバイスには、グッとくるものがありました。留学時代にアメリカで出会った研究者たちは、男性でも女性でも、子育てを何物にも代えがたいものとして楽しみながら、しかも研究の第一線で活躍していました。制度や文化の違いがあるとはいえ、私にも、やってやれないはずはないという気持ちを強くしたのです。

2-3　妊娠前に話し合ったこと

　私の夫は大学院時代の研究室仲間（後輩）であり、卒業後彼は国家公務員の道を選んだものの、研究者の生活をよく理解してくれていました。私たちは将来子どもができたら育児分担をどうするかを話し合いました。

　その際のポイントは、①誰が主たる育児の担い手になるのか、②夫婦のどちらもが仕事を頑張れるような育児分担をするにはどうすればよいか、ということでした。一つめについては、遠距離夫婦の私たちにとっては「東京と京都、どちらで子どもを育てるか」という意思決定になります。夫が主たる担い手となった場合には東京での子育てとなりますが、外での勤務時間の長さは圧倒的に夫が多かったので（当時は朝9時半〜夜中2時頃という具合でした）、東京での子育ては不可能です。必然的に京都での子育てになり、主たる担い手は京都にいる私、ということになります。

　ここで二つめの、二人それぞれのキャリアをどう考えるか、という問題が出てきます。京都で子育てをすると、平日は私が送り迎えならびに子どもの世話をすることになります。遠距離夫婦でなくても、子どもが小さいうちは授乳もあり、育児への負担は母親のほうが大きくなります。そこでなんとかこの不均衡を改善できるように努力する。したがって、最初の1年間は夫が育休を取ること、以降、なるべく週末京都に来てもらって子どもの世話をすること、などを決めました。

　その後夫は職場で「子どもができたら育休を取得したい」という希望を、妊娠するよりも先に人事面接で伝えてくれたようです。これが功を奏して、妊娠がわかると同時に正式に申し出た後にはスムーズに事が運びました。男性の長

期育休取得のケースはまだまれで、周囲が予想していないことが多いため、事前準備はやはり重要だったと思います。

ちなみに夫の周囲では、世代によって反応はまちまちだったようですが、同世代の男性からは支援の声が挙がったようです。育休を取ったことで彼のキャリアがダメになるのではなく、むしろモデルケースとしてきちんと活躍できることが大切なのです。そうしなければ、後に続く人は出てきませんから。その後夫の職場で何人か育休を取る男性職員が出たということを聞き、とても嬉しく思いました。

3　産休から復職までの道のり

3-1　妊娠中

妊娠する前は、「出産」（分娩）こそが大変だと思っていたのですが、私は妊娠中にしんどい思いをしました。まずはつわり。2ヵ月～3ヵ月の頃のつわりは想像以上につらく、何もできない状態になってしまいました。たとえば朝、通勤着に着替えたとたんに吐いてしまいます。食欲がなくなるだけではなく、飲食店のにおいにも敏感になり、街を歩くのも苦痛でした。テレビの料理番組や旅番組でグツグツ煮える鍋をみるだけでも気分が悪くなってしまい、精神的にふさぎ込むようになりました。頭がスッキリせず、できる仕事は家で行ったり、病欠を取ったりと、周囲には迷惑をかけてしまいました。こういうときに一人暮らしだったことはきつかったなと思います。実家の母が京都まで果物の差し入れなどの世話に来てくれたことが救いでした。

安定期に入ると元気になり、なんとかこれまでの分を挽回しようと、残業したりして熱心に働きました。しかし、頑張りすぎたのか、妊娠8ヵ月になった頃に「切迫早産」の診断が出て、自宅での絶対安静を余儀なくされました。歩き回ったり動いたりすると早産になり危険なので、なるべく安静に過ごすようにということで、予定よりも早く産休に入りました。その間も論文や書籍原稿の締め切りがあり、寝転んだままでパソコンが打てるような台を夫に作ってもらい、ボチボチと仕事をしたりしていました。この頃も両親に助けてもらうことが多かったです。

3-2　出産後と夫の苦労

　なんとか無事に、2009年10月に元気な男児を出産。最初の1ヵ月間は夫が有休を取って京都に滞在してくれました。妊娠期に通った病院の出産教室で「出産は女性の体にとって大きな影響を与えます。どうか出産後1ヵ月はお姫様のように、その後3ヵ月はお嬢様のように暮らせるようにしてあげてください」と助産師さんが話してくれました。

　夫はこの助言を実践しようとしてくれました。子どもが産まれてから1ヵ月経った頃、こんな記録を書いています —— 「正直なところ体力的には限界。これまで仕事でも相当厳しい日々を過ごしてきたが、かつて仕事が最も忙しかった頃に匹敵する消耗具合だ。僕は出産直後の女性は体が正常ではないので、産後1ヵ月奥さんをお姫様のように扱う、ということを忠実に実行しようとしたのだ。買い物、家事（料理、洗濯、掃除）のすべてを担当し、夜2～3時間ごとに起きる子どものおむつを替え、授乳の後ゲップさせるという作業を可能な限り遂行した。今考えてみれば相当無謀な決意だった」と。実際、これだけのことをやってもらっていても私は産後のホルモンバランスの崩れで、めまいやしびれ、乳腺炎による高熱で体はガタガタで、ちゃんと夫に感謝する余裕すらないままによろよろと生活を続けていたのです。

　夫はこうも綴っています —— 「この1ヵ月で僕は三つのことを知った。一つめ。どれだけ丁重に妻を扱っても、丁重すぎることはないということ。二つめ。真面目に家事をするということは大変だということ。三つめ。育児は夫婦二人では相当無理があるということ。どちらかがつぶれてしまう前に、妙なプライドみたいなものは捨てて、誰かに助けを求めたほうがいい」。

　夫がこの頃綴った文章は、まさに戦場のようだった育児現場を思い出させるものです。出産前は「子どもが寝ている間はそれぞれ好きな本を読んだり、仕事のメールだって書けるかもね」などとのんきに言っていたのですが、とんでもない勘違いでした（ただしこれはあくまで、うちのケースです。子どもの「育てやすさ」には個人差があり、楽にそんなことができたという話も聞きます。うらやましい限りです）。うちの子どもは簡単には寝ないし、夜中は2時間ごとに起こされるし、起きてる間は授乳、抱っこの繰り返し。一人目の子どもはこちらも勝手がわからず、泣いたら「おむつ、授乳」など全部を試そうとして、てんやわんやになります。その中で自分も食事をしなければならないし、体を少

しでも休めて、眠らなければならない。人から「大変だ」と聞いていたとはいえ、体験しなければまったくわからないことでした。時々パソコンをおそるおそる開くと、当然のことながら普通に仕事のメールが入っていたりしましたが、何かとても「遠い世界」に感じられ、現状を伝える気力が生じるはずもありませんでした（互いにあまりに違う世界にいる場合、いくら言葉を重ねても互いの想像力には限界があると思ったのも事実です）。そんな中、有給休暇の1ヵ月が終わって、東京に戻っていく夫がうらめしく、「この赤子と母親をおいて何処にいくの！」という気持ちになったものでした。

3-3 夫の育休

　子どもが3ヵ月になった2010年の年明けに、夫が今度は「1年間の育休」という切符を持って戻って来てくれて、京都で三人家族の生活が始まりました。主夫生活に最初はとまどっていた夫も、家事や育児の楽しさに目覚め、ママ達ばかりの児童館のイベントに参加したり、息子を抱っこヒモに入れて京都の寺社庭園を巡るなど、子育てライフを満喫し、かなり幸せな時間を過ごしていたようです。折しもイクメンブームでもあり、男の育児に対する周囲の反応が良かったことにも助けられました。「小さい頃はお父さんよりお母さんが必要でしょう」という意見も稀にはありましたが、父親に嬉しそうに抱っこされている息子の顔を見ていると、そのような声は気にならなくなりました。

　一方で私は、当時の制度では夫婦同時の育休取得が不可能だったこともあり、産後3ヵ月での復職となりました。裁量労働制なので昼休みなどを利用して授

乳に戻ることなどができたのは幸いでしたが、子どもは丸々と育つ一方で、私はしばしばめまいや高熱に苦しみました。研究仲間の活躍は未だ遠い世界の出来事のように感じられました。そのような中、職場や研究仲間に支えられて、計画の実行や成果の発信が途切れずに済んだことには本当に感謝しています。産後半年以降はなんとか体力も回復し、徐々に「研究者モード」の割合を増やすことができました。

4　ふたたび遠距離結婚生活へ

4-1　待機児童の憂き目

　息子が1歳3ヵ月になった2011年1月、夫は東京の職場に復帰しました。家庭生活を夫に依存してしまっていた私は、その日が来ることを恐れていました。しかも追い打ちをかけるように、3ヵ月間、保育所の「待機児童」になるという憂き目にも遭ってしまいました。大学には待機児童の保育を行ってくれる施設もあるのですが、残念ながら月齢制限にかかって利用できませんでした。このときはちょうど授業がなかったのでなんとか乗り切ることができたのですが、職場に子どもを抱っこしていくこともありました。家ではワーワーうるさい子どもも、なぜか空気を読んで、そういうときにはとてもおとなしくしてくれていたものです。また、どうしようもないときには、当時、兵庫県にいた両親がサポートに来てくれました。しかしこうした体制では、次第に両親を含めて全員の心身が疲弊していきました。週末に夫が来るのが頼りでしたが、3月に東日本大震災が起こり、夫の職場でもそんなことを言っていられる場合ではなくなってしまいました。

　振り返ってみれば、私にとってはその頃が最も精神的に追い込まれ、疲弊したときだったと思います。やはり子育て支援施設の充実は必須の課題だと痛感しました。私の場合、待機児童は結局3ヵ月間で済んだのですが、これがもっと長く続くとすれば、今のペースで仕事することをあきらめざるを得なくなったのではと思います。

4-2　保育園への通園開始

　待った甲斐があり、子どもが1歳半になったときに、第一志望の保育園に通園できることが決まりました。9時〜18時の保育時間なので、その間にやれることをやるというように、生活スタイルをかなり変更することになりました。出産前の私は夜型で、長い時間を使って研究や仕事、執筆活動をしていましたが、当然時間は区切られることになります。

　保育園の存在がありがたかったのは、栄養管理なども含めていろいろなことをしっかりとやってくれること、そして、先生方が温かく子どもを見守りながら、子ども同士の世界を形成してくれるところです。いろいろな意見はあると思いますが、私自身は子どもが保育園に通ったことをとても良かったと感じています。4歳半で幼稚園に入るまで、日中母と二人きりだった私の幼い頃と比べると、息子はたくさんの人と関わり、もまれて、たくましく社会性とさまざまな経験を身につけていると感じました。

　ただ、通園最初の1年はたくさん病気をもらいます。子どもも、大人も。これがかなり厄介なのです。免疫がついていないところに風邪やらノロウィルスやら、水ぼうそう、手足口病など、いろいろなものをもらってきます。子どもがもらうと、当然保育園を休ませなければいけないので、こちらも仕事を休むことになります。まだ体力のない1歳児だと、完治するのにしばらく時間がかかります。そうこうするうちにこちらにも感染して、子どもが元気になっても仕事ができない。看病疲れがあるところに子どもからうつる病気は、経験したこともないぐらい悪化しました。私は手足口病が感染して足の裏が腫れ上がったり、救急車で運ばれたこともありました。結局1回の風邪でトータル10日ぐらいは仕事にならないということを繰り返しました。登園しはじめて最初の1年の間は、私も息子も2ヵ月に1回は何かの病気になっていたような気がします。

　この頃、平日は基本的に母子家庭。私が出張で不在になるときやお迎えに行けないとき、病気になってしまったときなどは、かなり両親に助けてもらうことになりました。それでもなかなか時間をうまく回せず、仕事がたまる一方でした。当時私は内閣府の研究会の委員になったところでもあり、東京出張をはじめとして、多くの仕事を抱えるようになっていました。平日の9時から18時の仕事だけではまったく処理できなくなり、子どもを寝かしつけてから起き上

がって夜中に仕事をする生活を続けました。週末に夫が帰ってきたときには、子どもを夫に預けて仕事をすることもかなりありました。

　そうしていると結局私も夫も二人とも「まったく体を休めていない」状態が続いていることに気がつきました。心身の疲労がたまり、頑張って夫が帰って来てくれているにもかかわらず、いらだちを夫にぶつけてしまうこともありました。また、定年後に近くに来て必死にサポートしてくれていた両親にもしわ寄せがきて、母の体調が悪くなってしまいました。先ほど待機児童の頃がいちばん疲弊していたと書いたものの、実は夫が東京に戻ってしまってからの1年間も相当厳しかったような気がしてきました。私自身、どのようにタイムマネージメントするべきなのか、まだよくわかっていなかったのかもしれませんし、子どももまだ体力的には保育園の生活に慣れていなかったのかもしれません。

4-3　五つの教訓

　こうした生活を続けていることが難しいことは夫もよくわかっており、週1日京都で在宅勤務（テレワーク）をするという決断をしてくれました。受け入れてくれた夫の職場にもとても感謝しています。月曜に在宅勤務となったので、夫は金曜の晩に最終の新幹線で戻って来て、火曜の朝の新幹線で東京に戻るという生活スタイルになり、週の半分は、母子家庭から解放されることになりました。すると、ずいぶん気持ちが楽になりました。子どもと二人きりの夜は、潜在的にどこかで緊張感があったようで（何かあったら子どもを自分が守らねばならないという意識だと思われます）、なんとなく寝つきが悪かったことにも後から気がつきました。

　折しも息子も2歳半になって、保育園生活も1年が過ぎた頃になり、体力がついてたいした病気もしなくなりました。私も免疫力と体力が回復し、ほとんど風邪を引かなくなりました。また、できる時間にしっかり集中するという訓練の成果が出はじめ、研究をスムーズに進めることができるようになったのもこの頃です。

　私がこの時期までに得た教訓は、①欲張らない。欲張ると後で心身にしわ寄せがくる。子育ては十分すぎる仕事であるうえに、期間限定。②やれる時期にはきちんと仕事を頑張っておく。たとえば子どもと自分の体調が良いときや、

誰かがみてくれている時間など、集中できるところで力を発揮できるようにする。③子どもと自分と家族の体が資本であることを忘れない。無理をしても結局いいことはない。誰かを犠牲にしてはいけない（私は母に無理させたことを反省材料にしています）。④家族や職場、保育園、友人たちに感謝し、サポートがあるならばありがたく受ける（ただし、無理のない範囲で）。⑤楽観的に育児を楽しむ。子育てをする人は長距離ランナーでなければいけない。この五つの教訓は、いちばん大変だった時期を乗り越えた今でも、同じだなあと感じています。

5　考　察

5-1　男性の育児について

　柏木・若松（1994）が示しているように、父親の育児参加があると、育児参加がないケースよりも、母親のネガティブ感情が低く抑えられるという効果があるようです。夫の積極的育児により、家族としての信頼やつながりが大きくなることを私自身も実感しました。日本の社会においては「3歳児神話」や「母親責任論」が大きすぎて、どうしても母親が自分一人の責任として育児を抱え込む傾向があると思います。しかしそのような「当然のこと」として受け入れられている価値観は、実は歴史的にみればたいして長く継承されているものでもないことがわかります（専業主婦の歴史は浅い）。

　また、国外に目を向けると事情が違っています。男性育児休業制度による取得率は、ノルウェーやスウェーデンは80％程度とかなり高く、ドイツやオランダでも10〜20％はあります。これに対して日本は2.6％程度なので（厚生労働省資料、2008）、かなり低いと思います。

　日本では男性の育児参加支援制度は整っていないばかりか、もし制度が整ったところで、「自分が育休を取りたいなんてことは口が裂けても言えない」「出世に響く」という意見がかなり男性から聞かれます。では逆に育休を取る男性をあなたは低く評価しますか？　と尋ねると、必ずしもそうではないのです。つまりこれは「集合的に共有された、実態のない恐れ」として根づいてしまっている状態だということができます。

たとえば、ある男性が父親の育休は良いという態度を持っているとします。しかし自分以外の人はきっと否定的な意見を持っているに違いないと感じており、だから自分も育休を取るとは言い出せない。もしもある組織内の多くの人がそのような思考に陥るとすれば、その組織で育休を取る人は現れず、各人の「やはり育休はダメなんだ」という誤った認識はますます強化されることになります。ここに、「他者」の理解についての誤解（二次の信念のエラー）が、現実を構成してしまうという、きわめて社会心理学的なプロセスが働いています。これこそが日本の女性の育児や、研究とのバランスを取りづらくしている障壁であると思います。

　女性研究者は増えているとはいえ、私の所属する京都大学では常勤の研究者の女性の割合は7％程度と、とても低いという現実があります。つまり、女性はマジョリティである男性と同じ土俵で働くことになります。そして一般に日本の男性社会においては、「育児（なんか）のために、休ま（め）ない」ことが常態化していると感じます。そのような「社会」の中で一緒に仕事をして、パートナーシップを形成し、相手から信頼されるような成果を出していくのは、育児などの家庭生活とバランスを取りたいと願う人にとっては大変なことです。

　結局、男性による「女性が育児をすることについての"理解"」だけではだめなのです。文化と行動規範が変わらなければ、研究者のワークライフバランスの実現は難しい。もちろん"理解"があれば女性は育児の時間を取りやすくなるでしょう。けれど、"理解"のみでは、逆に役割分担を強化・再定義することにもつながります。たとえば、「女性が育児をすることに"理解"を示すべきである。したがって女性研究者がしっかり育児に時間を費やせるように支援をするべきである。翻って、（女性に時間を与えて、しっかり育児をやってもらえるようにしているわけだから）男性の行動規範は変えなくてもよい」となるわけです。すると、皮肉にも結果として女性がしっかり活躍できる基盤を減じることにもなってしまいます。

　最近の「育休は3年まで」という風潮にも私は同じ理由で疑問を持っています。女性が3年間育休を取ることが前提になったとして、女性を積極的に採用し、信頼してパートナーシップを築きたいと感じる人は果たして増えるでしょうか？　雇用者は通常3年離脱される可能性があることは、リスクだと考えるのではないでしょうか。同じ女性の私でさえ、もしも雇用者の立場であれば、

そう判断してしまうかもしれないと思います。「女性が育児をしっかりできるように」というのは甘い言葉ですが、それだけでは社会の現実を変えることができないのです。

　これは子どもを産んでから実感したことの一つですが、子どもは母親が「一人で」育てられるようにはできていません。アロマザリングという概念にもあるように、人間の子どもは本来、群れ・集団の中の力で集合的に育てられるようにできているようです。いろいろな人の目線や声のかけ方、愛情のかけ方、叱り方、そして子ども同士での遊びの世界。こうしたものを通して子どもは社会の中でもまれていくように思えます。今自分の子どもが、保育園をはじめとして、自分なりの社会の中で育っているさまをみると、アロマザリングの良い面を再認識します。そして、子どもを取り巻く大人の中で、子どもへの責任が重いことには父親も母親と同等です。育休ではなくても、積極的に父親が育児参加をすることは子どもにとっても母親にとっても良い効果をもたらすのではと強く感じています。

　育休のほうに話を戻しますが、もちろん父親の育児休業に適した環境というものもあると思います。たとえば夫婦ともに経済的に自立していること、対等な夫婦関係を持っていることです。また、研究者は特に代替困難な職種であり、休みにくい職業でもあります。そう考えると、女性研究者の夫は育休を取得するインセンティブがあると思います（とはいえ、配偶者が育休を利用している、と答えた京大の女性研究者は2007年の京都大学男女共同参画推進に関する意識・実態調査では0％でした。女性研究者は夫も研究者というケースが多いので「代替不可能性」は夫の側にも当てはまってしまうためだと思います）。

　39歳以下の女性研究者にとって理想の子どもの数は2.2人であるにもかかわらず、現実の子どもの数は0.3人です（『科学技術専門職における男女共同参画実態の大規模調査』男女共同参画学教会連絡会, 2008）。研究者は特に30代後半でもまだまだ「若手」と位置づけられるため、30代はキャリア形成（テニュアの仕事を得るなど）にとって非常に重要な時期です。そのような中で子どもをもうけて仕事が一定期間停滞することを、大きなリスクと感じる人は少なくないと思います。実際、私自身もそう考えていました。こうした中で父親の育児参加こそが、育児とキャリアの両立の大きな鍵になると思います。

5-2　研究のキャリアについて

　さて、トータルでみて私の研究は遠距離結婚生活や育児の影響で「滞った」といえるのかどうか。これは私が結婚もしていないパラレルワールドを仮定して比較してみないとなんともいえないことです。すると現状に対する自己満足度で考えるしかないのですが、私は子どもが4歳になった今では、十分に満足できる形で研究ができており、もしも私のパフォーマンスが低いとすればそれは私の環境ではなく能力の問題だろうと思っています。

　研究生活への影響、制限はたくさんありますが、それは当然のことです。たとえば時間的制約。それから出張の制約です。海外出張は期間が長くなることから、1年に2回までにしてほしいと夫から頼まれており、私はこれを承諾しています。子どもを連れて行けるぐらいの年齢になればまた違うかもしれませんが。また、体調のことがあります。これまで述べてきた通り、妊娠期や出産後は体調が安定せず、いろいろなお誘いを断念せざるを得ませんでした。何度か学会などをスキップすると、友人の活躍が「遠い世界の出来事」のように思えました。恐ろしいと思ったのは、それを「うらやましい」とさえ感じなくなってしまう感覚でした。そこから研究者としての自分の意識を取り戻していくのはとても難しかったです。

　ただ、私は幸いなことに、研究環境にも非常に恵まれています。職場の仲間や共同研究者、学生たちに支えられて、プロジェクト自体は途切れずに継続させ、少しずつ成果を出すことができてきました。研究分野にも依存すると思いますが、私自身は周りにかなり助けてもらったと感じます。

　論文や学会、講演会などを統合させた「業績指標」を自分で作成してチェックしてみたのですが（図2-1）、妊娠直前を100とした場合、いちばん落ちたのが出産期で（ここで40ぐらいになる）、産後1年で50まで回復し、産後2年でむしろ妊娠前を抜いて160となり、その後も200近くまで伸びています。これを「子どもがいるのに頑張っている」あるいは「子どもがいるから頑張れている」とみるべきなのか。一方で妊娠直前に33歳だった研究者が38歳になれば、業績が上がるのは当然かもしれず、むしろ普通は3倍ぐらいにならないといけないと仮定すれば、「パフォーマンスはやはり落ちている」とみるべきなのでしょうか。こればかりは同じ能力の自分に「子どもがいない」パラレルワールドを想定することができない以上、判断できません。したがって、大切なのは、

図2-1　業績指標

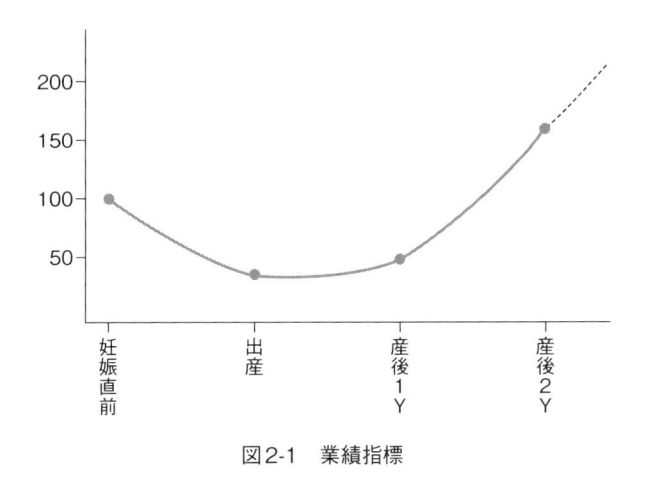

（グラフ：横軸 妊娠直前・出産・産後1Y・産後2Y、縦軸 業績指標。妊娠直前100、出産約35、産後1Y約50、産後2Y約160）

自分が今その状況に満足できているかどうかだと思います。もちろん、上を見ればきりがなく、自分にがっかりすることもあります。しかし繰り返しますが、それは子どもを産んだからではなく、私の能力の問題なのだと感じています。結果として、私は研究生活の現状に十分に満足しているといえます。

保育園に入園し、子どもの体調がある程度落ち着いてからのパフォーマンスは、①研究にどれぐらい戻りたいかというモティベーション（遠い世界に感じたまま、気持ちが戻らなければおそらく難しい）、②自分の健康状態、③周囲からの育児・あるいは研究へのサポート、④タイムマネージメントのうまさ、⑤選択と集中（オンとオフの使い分け）にかかっていると感じます（①〜⑤は順不同です）。私はおそらく①〜③のおかげでかなり研究生活に満足できていると感じます。④と⑤は、まだまだ自己研鑽中です。おそらくこの能力が伸びれば、案外限られた時間で効率良く仕事ができるのだろうと思います。

特に仕事モードのオンとオフの必要性を痛感しています。仕事を家に持ち込みすぎたり、土日や夜の仕事が続いたりすると、家人からの不満が出て、子どももやはり寂しがります。私はしばらくこれがあまりうまくいかなかった（自分でオフのつもりでも意識的にオンになっていた）のですが、夫が昨年京都の大学に出向になり遠距離結婚生活が一時的に解消されてから、精神的なゆとりができたのか、しっかりオフにすることができるようになってきました。すると不思議なことに、オンのときの集中力が増したように思います。人間休むと

きには気持ちを切り替えてしっかり休むことが必要で、子どもはそうした時間を否が応でも与えてくれる、ありがたい存在です。

5-3 遠距離結婚生活について

　男性教員の11％、女性教員の25％が配偶者と別居しているという京都大学男女共同参画推進室による調査結果を述べました。男性研究者の配偶者は専業主婦であるパターンがあると思いますが、女性研究者の配偶者は有職者であるケースが大多数だと思いますので、「配偶者と別居を余儀なくされている」女性は結構いるのではないかと思います。特に研究者は日本全国あるいは世界各国、どの研究機関に着任するかはわかりませんし、アカデミック・ポストがこれほどまでに限られた状態になれば、研究生活を続けるためには場所を選ぶことも難しく、就職できるならばどこへでも、となることは多いです。その結果、別居婚がやむを得ないという現実になっているのではないかと思います。私もアメリカ留学時代は夫と同居できる東京の大学の公募情報を見つければ応募していましたが、ことごとくうまくいきませんでした。「海外には飛び出せても、箱根の関は越えられないなあ」などと思ったものでした。

　また、いったん着任すると、研究者は独立的に自らの研究環境を作り出し、自分の専門領域で教鞭を執り、学生指導をします。つまり、代替不可能性が高い。研究室を持ち学生を指導する状況になると、頻繁に動くことのコストも大きくなります。

　もちろん、さらに良い研究環境をめざして異動することもあれば、家族のために異動する（あるいは留まる）こともあるでしょう。しかしいずれの意思決定も、その機会はごく限られており、若手研究者は、自ら主体的に勤務先を「選べる」立場にはありません。

　私もこうした中で遠距離結婚生活を選択しました。夫もそれに同意してくれていましたし、夫の実家も私の実家も、夫婦それぞれがキャリアを追いかけることを支援してくれました。

　しかし現在出向している夫と京都で一緒に暮らし始めてみると、本当にこれまでは大変だったことに改めて気がつき、やはり家族が毎日顔を合わせることができる安心と幸せを感じます。出向期間が終わって夫が東京に戻った後のことを思うと、早くも心配になってしまいます。人は良い状態を一度味わうと、

それがスタンダードになり、足りないところに目が向いてしまうものでしょう。

とはいえ、これまでもワークライフバランスからいえば「ベスト」ではないけれど、ベターな状態にまではもってこられたと思います。これからもそうあるためには、自分一人で抱え込まないように、保育園なり実家なり、ベビーシッターさんなり、なんらかの形で第三者のサポートを得ることが必要になるでしょう。そして実質的なことだけではなく、「相手の立場を思いやること」が大切なのだろうと感じます。夫が東京にいるとき、子どもが病気になったりすると「なんで私だけこんなに大変な目にあって」と恨んだりしたものでした。しかし逆に夫は普段子どもと顔を合わせられず寂しい思いをし、新幹線の移動で疲れもたまり、子どもが病気だと聞けば何もできないことを歯がゆく思い、心配を募らせていたのかもしれません。そのような「相手の立場への思いやり」を持つためには、相手に対する信頼（家族と離れて羽を伸ばしているわけではないに違いないという信頼）が前提となると思います。「信頼をベースにした思いやり」、これが遠距離結婚を乗り切るための大きなテーマだと思います。

6 おわりに

　子育てしながらの生活はもちろん大変な面もありますが、実際には子どもに助けられることも多いです。子育てはやはり文字通り「かけがえのない」幸せをもたらしてくれるもので、子どもが最高最上の宝物なのだと心から実感します。毎日のびのび成長する息子とともに過ごすのは楽しく、仕事で行き詰まったときにも気持ちを切り替えることができます。もちろん、反抗されたり、忙しいときにややこしいことを言われたり、いつまでたっても子どもには天使と悪魔が同居しているなあと感じさせられたりもします。しかし子どもに寄り添っていると、いつまでもこの時間が続けばよいな、というえもいわれぬ温かい感覚と、しっかり大きくなれよ、という将来への強い願いと責任を感じます。

　子どもはほんの赤ちゃんのうちから親の感情にとても敏感で、私がしんどいときは不安気な、私が楽しいときは安心した表情を浮かべます。やはり子どものためにも私自身が充実した生活を送ることが大切なのだと思います。子ども

が大きくなったときに、お母さんは自分を育てながら、良い仕事をしていたんだな、お母さんは幸せなんだな、と思ってくれるような心のつながりを築いていけるなら、最高です。

　子どもが生まれてから、命が次世代につながっていく幸せを実感します。親や親戚たちが子どもをかわいがってくれているときの、嬉しそうな表情を見られることはこの上ない喜びです。また、私の周囲にはたくさんの新たなつながりも生まれました。子どもを通じた親仲間たちとはいろいろなことを話し合う密な時間があり、また、子どもを連れて近所を歩けば、いろいろな人が声をかけてくれます（一人で歩いていたときには、決してなかったことです）。「大きくなったね」とか「風邪引いたらいかんよ」と、いつも声をかけてくれる地域の人が、子どもの成長を見守ってくれていると感じることは、安心感につながっています。

● 引用文献

柏木惠子・若松素子（1994）「親となる」ことによる人格発達：生涯発達的視点から親を研究する試み．発達心理学研究, 5, 72-83.
京都大学男女共同参画推進センター（2007）大学における男女共同参画推進に関する意識・実態調査．

コラム
配偶者より

　妻は時々いなくなります。海外で学会があるから1週間留守にする、週末は研究会で1日いない、などなど。そんな配偶者を持つ男性は私の職場には皆無です。

　女性研究者を妻に持つということはいろいろと覚悟のいることです。時々いなくなることを受け入れるということも一つの覚悟かもしれません。しかし、最も大きな覚悟は、育児などの家庭環境の変化により生活が抜き差しならない状況になり、いずれかが仕事を辞めなければならないという選択を迫られたとき、夫である自分が辞めるという決断をあらかじめ納得しておくということでしょうか。私たち夫婦の間である程度公平感が保たれつつ遠距離育児生活を営むことができているのは、私がこの覚悟を持っていると宣言していることが根っこにあるような気がします。

　ある女性（ワーキングマザーとして活躍され、育児に積極的な旦那様を持つ方）の講演を聞いたときのこと。なぜ旦那様が育児に積極的なのかという問いに対し、その女性は「私が怖いからでしょう」と答えられました。この感覚は私の胸にストンと落ちました。私は恐妻家ではありません。しかし、育児分担の話をするとき、裏返して言うとどちらかが仕事の抑制の必要性を迫られるとき、夫婦間の話し合いには一定の緊張関係が生まれます。研究で鍛えた論理的思考をもって主張が展開されますから、そこには「怖さ」のようなものがあります。その怖さを受け止め、話し合い、調整する過程を通して、育児分担における公平感や納得感が生まれてくるものだと思います。ただし、怖さを真剣に受け止めるためには、それが単なる感情的な発露ではなく、論理的でバランス感覚が認められる主張の表れでなければなりません。

　私が育休を取り、週1回の在宅勤務をして、職場の他の男性から見ると「お前大丈夫か？」と言われそうなほど家庭にエフォートを割いているのは、妻の主張に合理性があり、そうすることが我が家の仕事と育児の総合的なバランス（仕事の性質、状況要因、それぞれの収入額も含む）に鑑みて妥当であると考えるからです。もちろんお互い感情的な発言をし、気分を害するような状況になることもあります。しかし、それぞれが納得に至る議論のプロセスを経てこ

の環境を作り上げてきたという思いが根底にあるため、深刻な事態に発展することはないように思います。
　育児は一過性のものです。その時期、仕事をセーブし、家庭にリソースを投入することで、業績が下がったとしても、補って余りある人生の幸福感（子どもとの信頼感や家庭内の居場所確保）が得られます。その育児を夫婦間でどう分担するか。夫の私から見ると、妻のポジション、年収、将来性、仕事への意欲、家庭を支える覚悟、そしてこれらの論理的な主張を受けて自らの状況と突き合わせ、話し合いをして決めているという感覚です。夫婦間の基本的な信頼感の下で交渉と条件闘争を繰り返すことで、不満の最小化と納得感の最大化、ひいては家庭の安寧がもたらされるのではないでしょうか。もちろんその前提として、配偶者の仕事に向き合う姿勢への敬意の念と愛情があることは言うまでもありません。

（川村　匡）

第3章 主夫に支えられて
—— わが家の家事・育児分担の変遷

和田 由美子

1 はじめに

　仕事に疲れて家に帰ると、夕食の支度をするいい匂いがしていて、「おかえり。先にお風呂にする？　それともご飯にする？」と、夫が優しい笑顔で出迎えてくれる。そんな夢みたいな生活ができたらいいのにねぇ。どっかに主夫になってくれる人いないかな。

　学生時代、友達と冗談半分にこんな話をすることがありました。それから20数年後の私の生活は、この夢の世界にかなり近いものがあります。出迎えてくれるのが「優しい笑顔」ではなく「キッチンに向かう苛立った背中」であったり、娘に対して浴びせられる「お前、風呂入ったのかよ！」「宿題やったのかよ！」「お母さんが帰ってくる前にやれって言ったろ！」という怒号である日が多いという点を除けば……。

　私は現在、熊本の小さな私立大学で教員として働いています。つくばの大学院を修了後、母校の大学助手として2年半、研究所研究員として横浜とつくばで6年、山梨の私立大学教員として3年半勤めた後、熊本の大学に職を得て、5年前に家族で九州に引っ越してきました。小学5年生の娘が一人、夫は在宅でコンピュータシステム開発の仕事を時々請け負いながら、わが家の家事と育児をメインで引き受けてくれています。洗濯、ゴミ出し、食事の準備、買い物、食器洗い、娘のピアノレッスンの送迎、娘の宿題と学校のプリントのチェック、子ども会の資料配布からPTAの交通安全の旗ふりまで、平日の家事のほとんどを夫がこなします。

　この話をすると、「うらやましい。そんな人どうやって見つけたの？」とき

かれることがありますが、会社を退職して在宅で仕事を始めるまで、夫はお手伝い程度にしか家事をやらない人でした。ですから、家事を得意とする人を見つけて結婚したというよりは、仕事・家事・育児の両立をめざして夫婦で悪戦苦闘した結果、現在はこのような形に落ち着いているというのが実状です。仕事と居住地の変更に合わせて、夫と私の家事・育児分担のあり方も大きく変わってきました。夫が今、家事・育児に責任を持ち、主夫としてしっかり役割を果たしてくれていることにいちばん驚いているのは、他ならぬ私自身かもしれません。

2 結婚から出産まで

2-1 就職 ── つくばから横浜へ

　夫は同じ研究室の後輩です。私が研究室の助手、夫が大学院生のときに、つくばで結婚しました。私は3年任期職（2年目）の31歳、夫はオーバードクター1年目（博士後期課程の4年目）の29歳で、二人とも先が見えない不安な時期でした。

　結婚した年の春、オーバードクター2年目に突入した夫は指導教官と今後の学位取得見込みについて話し合い、大学院を退学して一般企業への就職をめざすことを決めました。結婚したプレッシャーもあったのでしょう。優柔不断なタイプだと思っていた夫がこのときはスッパリと決断し、その後も決意を変えることはありませんでした。

　ほぼ時期を同じくして、私も8月1日付で横浜の研究所へプロジェクト付き研究員として就職することが決まり、夫は「横浜から通える」を条件に加えて会社探しを始めました。大学院博士課程中退、職務経験なしの29歳を採用してくれる会社が本当にあるのか、内心不安に思っていたのですが、横浜から電車で通える距離のコンピュータシステム開発会社が幸運にも10月1日付で中途採用してくれることになりました。「変な経歴なのに意外に普通」ということで採用が決まったようです。おかげで別居せず、二人一緒に横浜に引っ越すことができました。

2-2 「なんとかなる」と思えるまで

　横浜での生活はめまぐるしく、夫も私も新しい仕事と環境に慣れるだけで精一杯。そんな毎日が1年以上続きました。35歳までには出産したい。もうそろそろ考えないと手遅れになるんじゃないか。でも妊娠・出産したとして、今の仕事を続けながら無事に子どもを育てていくことができるんだろうか……そう考えて悶々としていた頃、大学の同窓会でママ研究者の先輩とお話しする機会に恵まれました。「そうやって不安に思っているうちはまだ時期じゃないんだよ。でもね、そのうち『なんとかなる』って思えるときが来るよ」。優しくも確信に満ちた先輩の表情を見ながら、「ああ、自分はまだなんだな」と妙に納得したことを覚えています。

　先輩が言っていた通り、それから2年くらいの間に「なんとかなる！」という確信に満ちた気持ちがムクムク湧いて来て、間もなく妊娠・出産することになりました。私が35歳のときでした。

　出産・育児に対する不安の大きかった私が「なんとかなる」と思えるようになったのは、同じ研究所に勤務していた子育て真っ最中の男性研究員さんの存在によるところが大きいと思います。研究員さん宅はご夫婦ともフルタイムで働いておられたため、お子さんのお迎えや病気で、早退や休暇を取ることが時々ありましたが、そのぶんは在宅勤務や早朝出勤で補って、研究チームの仕事は滞りなく進んでいました。何より勇気づけられたのは、その男性研究員さんに対する上司や同僚の態度が、とても温かく自然体であったことです。子育て中の研究者と、それに対する周囲の反応を間近で見るのは初めてだったので、その研究員さんの生活を日々観察するうち、出産後の自分の生活をある程度イメージできるようになりました。

2-3 出産直後の生活

　私の妊娠・出産の経過は比較的順調で、当初の予定通り、産後8週間の休暇に育児休暇1ヵ月を追加し、産後3ヵ月で職場に復帰しました。出産予定日の3週間前から産前休暇を取ったため、通算4ヵ月弱の休暇をいただいたことになります。こんな長期の休暇は人生初でとても楽しみにしていたのですが、いざ休暇に入ってみると、思ったほどには楽しめませんでした。休暇中の業務や実験は、チームのテクニカルスタッフが順調に進めて、毎日のようにメールで

進捗を知らせてくれましたし、娘はスクスクとよく育ち、よく笑い、休暇中に育児ストレスを感じることはほとんどありませんでした。こんな恵まれた状況にあってさえ、自宅に一人でいると、なんだか世間から取り残されたような気がして、寂しくて仕方がなかったのです。私は自分のことを一人で時間を過ごすのが好きなタイプと思っていたので、これは意外な発見でした。

　娘は職場復帰の1ヵ月前（生後2ヵ月）から保育所に通い始め、3週間の慣らし保育を経て、私の勤務中、午前8時半から午後6時半まで保育所で過ごす生活となりました。自宅でのゆったりした暮らしが一転し、母子ともに慌ただしい毎日となりましたが、「職場に復帰して、また研究に取り組める」という安堵と喜びは、私にとって生活面の慌ただしさを補って余りあるものでした。

　私の復職後、夫はなるべく早く帰るよう努めてくれました。とはいえ、入浴とオムツ替え、授乳とあやしの「お手伝い」以外は、家事も育児もほとんど私の担当。加えて、授乳で夜中に1～2回は起こされて熟睡できなかったこともあり、職場復帰してから数ヵ月間の自分の生活の記憶はほとんど残っていません。当時の娘の様子や保育所での出来事はよく覚えているのですが……。

3 「どうにもならない」時期

3-1　研究所の移転 ── 横浜からつくばへ

　私が妊娠・出産する前から、横浜の研究所は段階的につくばに移転すること

が決まっており、職場復帰してから3ヵ月後（娘は生後6ヵ月）に、またつくばに引っ越すことになりました。夫の勤務地は横浜だったので、私はつくばと横浜の間に住むことを提案したのですが、「俺がつくばに転職先を探すから、つくばに住もう」ということで、つくばでアパートを探し、つくばの保育所に入所を決めました。しかし、多忙な毎日の中、夫も転職活動どころではなかったようです。引っ越しまでに結局転職は実現せず、夫は毎日片道2時間以上かけてつくばから横浜の職場に通うことになりました。朝6時に家を出て、帰りはいちばん早くて21時過ぎ。当然、家事・育児の分担は不可能で、夫がつくばの会社に転職するまでの約半年間、平日の家事・育児は私がメインで担当することになりました。

　幸い、自宅から車で1時間程度のところに夫の実家があったため、つくばでは義父母の絶大な援助を受けることができました。出張のときの保育所送迎、娘が病気で保育所に行けないときの自宅預かりなど、困ったときに頼める先があるのはありがたく心強いことでした。つくばで生活していた生後半年から3歳前の頃は、保育所でひととおりの感染症をもらう時期でもあったので、いちばん困難な時期に義父母に助けてもらえたのは本当に幸運でした。

3-2　仕事が進まない

　その後、夫は自宅から徒歩10分の距離にあるコンピュータシステム開発会社に転職を果たし、夫との家事・育児の分担が可能になりました。それまでは仕事に費やせる時間があまりにも短く、最低限の日常業務さえも大きく滞っている状況でしたが、保育所の送迎を夫と分担することで早朝出勤や残業が可能になり、少しだけ研究所の仕事を回せるようになりました。

　以前より少しは時間を取れるようになったとはいえ、研究が絶対的に進んでいないことに対するプレッシャーは、私の心をいつも大きく蝕んでいました。たまった仕事を休日中に片づけないと、またさらに遅れてしまうという焦りもあったし、もうとにかくクタクタで、ちょっとでもいいから休日に休みたいという気持ちもありました。そのため、夫と私の家事・育児の分担表を作り、休日中はそれぞれが自由に使える時間を確保することを最優先に考えていました。

　一方、夫のほうは休日くらいは家族三人で過ごしたいという気持ちが強かったようです。夫にゆっくり休んでもらおうという配慮から、「ちょっと公園で

遊ばせてくるね」と娘と出かけようとすると、「俺も一緒に行こうかな」と夫もついて来ることがよくありました。たしかに家族三人で過ごすのは楽しいのですが、自分の仕事が圧しているときや、倒れこみそうなくらいに疲れているときは、「そんな余裕があるなら、その時間を私にちょうだい」という気持ちになり、ときには本当にその通り夫に言ってしまって、険悪な雰囲気になることもありました。

　休日に義父母が娘を預かってくれるときはまとまった時間を取ることができましたが、こんなふうに時間を確保できたときでさえ、仕事はあまり進みませんでした。疲労が蓄積して注意も散漫になっていたのでしょう。やたらとミスを連発してデータ分析のやり直しばかりしていたり、論文を読んでも全然頭に入ってこなかったり、インターネットで調べものをしている途中に横道にそれてしまったりで、当時の仕事の効率は自分でもあきれかえるほどに低いものでした。いろんな人の援助を受けてやっと確保した時間なのに、それを効率良く使えなかったときは、強い罪悪感を感じて落ち込みました。

　こんな極限状態の中、娘はみんなの愛情を受けてスクスクと育ち、いつも明るい笑いを運んできてくれました。成長の著しい時期でもあり、立った！　歩いた！　しゃべった！　歌った！　歯が生えた！　と、そのたびに夫や義父母や保育所の先生たちと喜び合いました。娘の育児にたくさんの人が関わってくれたおかげで、成長を見守る喜びが何倍にも膨らんだように思います。

3-3　研究員としての限界

　つくばに引っ越して1年が経とうとする頃、研究上の大きな進展がありました。私が従事していた研究プロジェクトは、行動異常を示すミュータントマウスを開発し、その原因遺伝子を明らかにするというものでしたが、研究所入所後5年目にして、研究対象としてきたマウスの行動異常原因遺伝子がようやく同定されたのです。本当に嬉しくて、同じチームのメンバーと抱き合わんばかりに喜びました。

　私の専門は動物心理学で、プロジェクトではマウスの行動解析を主に担当していましたが、原因遺伝子が同定されたことにより、チームの仕事は分子生物学的な内容に大きくシフトしていくことになりました。実験や解析は共同研究者やテクニカルスタッフが実施してくれるものの、研究の方向性やおおまかな

計画は研究員の自分が提案していかなければなりません。研究自体は面白くワクワクするものでしたが、このプロジェクトの中で研究員として自分が職務を果たしていくことに少しずつ限界を感じ始めていました。新しい分野を勉強しながら研究を進めるには圧倒的に時間が足りず、頭も回らず、さらに病気がちで、周囲に迷惑をかけてばかりの心苦しい毎日でした。こんな状態にもかかわらず、研究面でも心理面でも、温かく辛抱強くサポートしてくれた上司とチームのメンバーには本当に感謝しています。

　フルタイムの「研究員」から行動解析を専門とするパートタイムの「研究支援員」に職替えしてもらうよう、上司に相談してみようかと悩んでいたときのことです。絶妙のタイミングで、大学院時代の指導教官が大学の一般教養教員のポストを紹介してくれることになりました。プロジェクトの研究が大詰めを迎えていたこともあり、上司は熱心に慰留してくれましたが、退職までに2本の論文ドラフトをまとめ終えることを条件に、最終的には退職を認めてくれました。しかし、もともと仕事が回っていないところに、引き継ぎ作業や引っ越しの準備も重なり、さまざまな便宜を図っていただいたにもかかわらず、退職までにドラフトを完成することはできませんでした。約束の1本目をまとめ終えたのが退職から半年後、2本目をまとめ終えたのはなんと退職から1年半後のことで、このことを思い出すと恥ずかしさと申し訳なさで、今でも身が縮む思いがします。

3-4　転職 ── つくばから河口湖へ

　研究所退職後に新たに勤務することになったのは、山梨県の河口湖に新設された医療福祉系の大学でした。河口湖のホテルへ宿泊しつつ東京から通っている教員も多いと聞いて、私としては、つくばに居を構えたまま、河口湖に単身赴任することを考えていました。夫の職場がつくばだったし、つくばに住んでいれば義父母のサポートが受けられるという大きなメリットもあったからです。

　しかし、夫はあくまでも「家族で河口湖に引っ越すべき」という考えで、勤務先の社長に交渉し、会社に在籍したまま河口湖で在宅勤務をすることを認めてもらいました。まさかそんなことが可能だとは思っていなかったので、夫の「家族一緒に暮らす」ことに対する決意の強さと、社員の無理な願いを聞き入れてくれる社長の度量の大きさに感心しました。親戚も知人もいない土地で

写真3-1　河口湖に引っ越したばかりの頃（娘：2歳10ヵ月）　一緒に写っているのはつくばで絶大なるバックアップをしてくれた夫の両親。背景は富士山です。

やっていけるのかという不安はありましたが、横浜、つくばでは苦労した娘の保育所確保も河口湖ではすんなり進み、家族三人で無事河口湖に引っ越せることになりました。娘が3歳になる前の秋のことでした。

　河口湖で夫は自宅に在宅勤務用の部屋を構え、会社の勤務時間の午前9時から午後6時までは、スカイプ接続でPCの前に張りつく生活となりました。スカイプ接続を切った後も、当然のように在宅残業が続き、本来なら退社しているはずの夜中に仕事の電話がかかってくることもよくありました。「在宅勤務になれば、家のことは夫に任せられるかな」と淡い期待を持っていたのですが、この勤務状況だと、恒常的に頼めるのはせいぜい宅配便の受け取りと洗濯くらい。結局、保育所への送迎を含む家事・育児全般は、私がメインで担当することになりました。

　着任した大学での仕事は教員の個人裁量に任せられている部分が大きかったため、チームで仕事をしていた研究所時代と比べると、かなり時間の自由が利くようになりました。一般教養の教員は、実習等を担当する教員に比べるとイレギュラーな事態の対応に追われることも少なく、朝8時に家を出て娘を保育所に送り、夕方5時半に職場を出て娘を迎えに行って帰るという規則正しい生活が可能になりました。夫が在宅勤務ということもあって、毎日のように家族

で夕食をとることができ、夫婦交替で残業していたつくば時代を考えると奇跡のような毎日でした。大学の業務をこなすことはそれなりに大変で、慣れない授業準備で徹夜する毎日でしたが、基本的にやれば終わる仕事が多く、身体的負担に比して心理的負荷はそれほど大きくありませんでした。

　上記のように、大学の業務と家事・育児はなんとか両立することができましたが、研究のほうには相変わらず手が回らない状態でした。プロジェクトの成果を論文ドラフトにまとめるという研究所時代の宿題も果たせないまま、河口湖に引っ越して来て最初の年の瀬を迎えようとしていました。

4　主夫の誕生

4-1　夫の退職

　河口湖での最初の年末、ちょうど私の仕事納めが過ぎた頃、開発していたシステムの納品作業の時期に入り、夫は「帰宅がいつになるかがわからない泊まりがけの出張」に何度か駆り出されることになりました。河口湖の冬は想像をはるかに超える寒さで、大雪でも降ろうものなら食料品の買い出しもままならなくなります。まだ周囲に頼れる人もなく、幼い子どもを抱えての一人での留守番は本当に心細いものでした。私たち夫婦にとって、この先の見えない出張は心理的にも身体的にも大きな負担になっていました。

　このような状態が半年ほど続き、大学の業務と家事・育児の両立に私が不安を感じ始めていた頃のことです。仕事が一段落したところで夫は会社を退職し、フリーの在宅ワーカーになることを決めました。フリーといっても元の勤務先のシステム開発の仕事が大部分でしたが、仕事量を自分で調節できるぶん、だいぶ時間の自由が利くようになりました。午前9時から午後6時までPCに張りつく必要もなくなった結果、夫は家の中のいろいろなことを引き受けてくれるようになりました。こうして、夫の兼業主夫としての生活がスタートすることになったのです。娘が4歳になる年のことでした。

4-2　メンタル・レイバーからの解放

　現在はほぼ9割の家事・育児を担当してくれている夫ですが、フリーになっ

た当初の家事・育児分担率は、私が6割、夫は4割程度で、割合だけみれば「主夫」というほどではありませんでした。分担率という観点では、ほぼ均等に割り振っていたつくば時代のほうがもっと高かったと思います。しかし、つくば時代の夫の家事・育児は完全に「お手伝い」でした。「娘を迎えに行って、お風呂に入れて、洗濯物を取り込んで、洗濯機を回して、洗濯物を干したんだから、俺の今日の仕事はこれで完了」という夫の態度に、私はしょっちゅう腹を立てていました。明確に割り振った作業以外について、夫は人ごとを決め込んでいて、いつもそのまま完全に残されているのです。指示出しをしない限り、宙に浮いた家事・育児は全部私がやることになりました。

「イライラして自分でやるくらいなら、ちゃんと『これやって』って言ってよ。言ってくれればやるのに……」。夫はよくこう言っていました。当時、この「言ってくれればやるのに」という台詞ほど、私をイラつかせるものはありませんでした。こんなに家事がたまっているのに、言わないとやらないのか！と。「お手伝いじゃなくって、もっと主体的に家のことに取り組んでほしいんだよね……」。何度このことでケンカになったかわかりません。

また、つくば時代や河口湖の在宅勤務時代は、夫と比べると私のほうが時間の都合をつけやすい状況だったので、イレギュラーな事態に対応するのも私でした。たとえば、保育所で娘が発熱して急な迎えが必要となったとき、私が都合をつけて迎えに行くのが常で、夫が迎えに行く日でも、その時間になるまで、私は緊急事態に備えて気を張っていなければなりませんでした。

しかし、夫がフリーになってからは、この立場が逆転しました。家事・育児の最終責任者が夫になったことによって、緊急時は基本的に夫が対応してくれるようになったのです。「何かあったとしても、夫に頼める」という心の安らぎ感は、自分

でも驚くほど大きなものでした。そして、そのあまりの解放感の大きさによって、自分が家事・育児に対して背負って来た精神的負担がいかに大きかったかを、改めて再認識することになりました。

経済記者で二児の母でもある治部れんげさんの著書『稼ぐ妻・育てる夫』（2009）によると、家事・育児に関するこのような精神的負担は、メンタル・レイバーと呼ばれているそうです。メンタル・レイバーとは、家事・育児を行うために「体そのものを動かす」のではなく、「精神を働かせる」労働のことで、やるべきことの段取りを考えたり、やるべきことを記憶しておいたりすることを指します。私にとっては、「緊急事態に備えて心の準備をしておくこと」や「夫に指示出ししてやってもらうか、自分でやるか」のプランニングが負荷の高いメンタル・レイバーになっていたと思います。

夫にとってのメンタル・レイバーの代表例は「雨が降ってきたときの洗濯物の取り込み」とのこと。微妙な天気だけど外に洗濯物を干した日は、外の様子が一日中気になって、仕事に集中できないのだそうです。「夫が家にいるからいいか」と、私は曇り空の日も軽い気持ちで外干しして出かけてしまっていましたが、メンタル・レイバーという観点で、けっこう夫に負荷をかけていたことを知りました。

夫が主夫になったことにより、私のメンタル・レイバーはどんどん軽減されていき、雑念を振り払って仕事に集中できる時間が少しずつ増えていきました。

4-3　性差はそれほど大きくない？

家事・育児に関する役割を夫と交替して初めてわかったことは他にもあります。私は行動に及ぼす遺伝の影響や行動の進化的背景に関心を持っているせいもあって、心のどこかに「子育ては"生物学的に"女性のほうが向いているはず」という思い込みがありました。実際、娘のちょっとした泣き声で目を覚ますのはかならず私で、夫は全然気づかずに寝ていることが多かったのです。しかし、夫がメインで家事・育児に関わるようになってから、娘の声で最初に目を覚ますのは夫になりました。夜中、夫が娘のおねしょを処理したのに、私はまったく気づかず、朝までぐっすり寝ていたことさえあります（このときは自分でもショックでした）。「子育ては女性のほうが向いている」ように見えるのは、妊娠・出産・授乳という行きがかり上、女性がメインで育児を担当する

ケースが圧倒的に多いせいであって、育児能力の生物学的性差によるものではないのかもしれません。

また、夫がフリーになって収入が不安定になったことにより、メインの稼ぎ手にかかるプレッシャーが想像以上に大きいことを知りました。「妻子が路頭に迷わないように」という台詞を聞くと、以前は「なんか恩着せがましい」と不愉快な気分になったものですが、家計責任を負うようになってからは、私の頭の中にも時々そのフレーズが浮かぶようになりました。家計責任のプレッシャーは、目に見えない「重し」となって私の思考や行動に影響を及ぼし、良く言えば「常識的な」、悪く言えば「思い切った行動をとれない」傾向となって表れてきているように思います。女性は男性よりも自由な発想で考え、軽やかに行動する印象がありますが、それは女性特有のものというより、家計責任の重圧から解放されているケースが多いせいなのかもしれません。

一見すると明確な生物学的性差が存在しているようにみえる行動の背後に、実は社会的・文化的な要因が隠されている。今更のように、そのことを実感するようになりました。

4-4　家計責任と家事・育児

前述の書籍『稼ぐ妻・育てる夫』（治部, 2009）の中に以下のような記述があります。

> 「夫が家事・育児をすること」と「妻が仕事を続け、稼ぎ続けること」は、どちらが原因とは単純には言えそうにない。夫が家庭参加するからこそ、妻が外で働き続けることが可能になるという事実がある一方で、妻が稼いで家計を支えることに責任感を持っているからこそ、夫の方も家事・育児を妻任せにせず自分でやる。(pp.98-99)

プロジェクト付き研究員時代に、もし夫が「在宅ワークに切り替えて主夫になる」と言い出したとしたら、私は「もうちょっと家計責任について考えろ」と怒り狂ったことでしょう。当時の私の職は「プロジェクト付き」で、継続的に雇用してもらえる保証もなかったので、会社員である夫が在宅ワーカーやパートタイマーになることは一切想定していませんでした。相手に家計責任を

要求しながら、自分はフルタイムの研究員からパートタイムの研究支援員になれないかと模索していたわけですから、「お金のことはともかく、研究的なことをやりながら暮らしていきたい」という甘えが、自分の中にあったのだと思います。

夫が家事・育児に責任感を持ってくれないというのが私の不満でしたが、その原因の一端は、家計を支えることに対する私自身の責任感の欠如にもあったのかもしれません。当時の私はそのことにまったく思い至りませんでした。前述の書籍（治部, 2009）の中の「楽しい家事だけやる夫と、自己実現のためだけに働きたい妻は同じコインの裏表である」(p.93)という言葉は私の心に突き刺さり、夫に対して不満ばかりぶつけていた過去の自分の思考や行動を、改めて振り返るきっかけとなりました。

5 現在、そしてこれから

5-1 現在の生活 ── 河口湖から熊本へ

夫が在宅で主に家事・育児を担当し、私がメインで家計を支えるという体制になって、今年で通算7年目に入ります。私たち家族は5年前に極寒の河口湖から引っ越し、今は火の国熊本で暮らしています。

ちょうど娘が小学校に入学する年、私は熊本の私立大学に職を得て、医療系大学の一般教養の教員から、心理学科で専門基礎を教える教員になれたのです。新しい大学では大人数の卒業研究の指導も加わって、仕事の量は質量ともに大きく増えたものの、心理学に興味を持つ学生を指導できる立場になったことは何よりの喜びでした。私は動物心理学を専門としてきたため、研究所を退職して動物実験施設のない環境に移って以降、研究テーマがなかなか定まらず迷走を続けていました。しかし、熊本で学生と一緒に心理学を学び直す中で、自分の研究の方向性がようやく定まってきたように思います。まだ詰めが甘く、研究費申請にも落ちてばかりですが、「どうにもならない」時期を過ぎ、少しずつ「なんとかなる」と思えるようになってきました。

夫は家事の幅を少しずつ広げ、現在は9割近くの家事と育児を担当しています。産休中に自分が世間から取り残されたような気持ちになったこともあって、

所属する組織もなく一人自宅で仕事と家事をこなす夫の精神状態を心配していましたが、夫はそういったことはまったく気にならず、むしろ自分のペースで生活できることに喜びを感じている、とのこと。夫にとって職業はお金を得る手段であり、自己実現の手段ではないそうです。キャリア＝自己実現という先入観の強かった私にとって、これは目から鱗の発言でした。夫が主夫になったことに対し、「自分のために夫のキャリアを犠牲にしている」という負い目があったので、夫のおおらかな態度に救われる思いがしています。

娘は現在小学5年生。熊本では小4から部活動が始まるので、帰りが夜の7時過ぎになる日も多くなりました。親よりも友達と過ごしたい年頃に突入し、せっかくの週末も友達と出歩いてばかりです。子どもとベッタリ過ごせる時間は本当に短かったんだなと、早くも夫婦で寂しさをかみしめています。

5-2　家族の最適解をめざして

夫への在宅ワークの依頼は、熊本に来てから相対的に減少しました。私の大学での仕事が忙しくなってきたことと相まって、夫が家事・育児を担当し、私が家計責任を負うという役割分担は、さらに明確化してしまっています。私も夫も要領の良いほうではないので、完全に分業したほうが夫婦間の軋轢も小さく、効率が良い面も多々あるのですが、夫か私のどちらかが倒れればたちまち立ち行かなくなる現在の状況にも不安があります。家族内で極端な分業が進むのはあまり望ましくないというのが二人の一致した見解です。夫が主に家事・育児を担当し、私が主に家計責任を負うという選択は、幼い子どもを抱え、近くに頼れる身内も知人もおらず、ベビーシッターサービスのない土地で暮らすうえでは、一つの最適解だったと思いますが、娘の親離れも進んできた現在、夫婦の役割分担のあり方について再度真剣に考える時期に来ているのでしょう。

それぞれの家庭によって、夫婦の職業も違うし、考え方も違うし、暮らしている環境も違えば、子どもの性格や発達段階も違う。能力も健康状態も人それぞれで、その状況もまた刻一刻とめまぐるしく変化していきます。40歳を過ぎてから自分の体にもいろいろ故障が出てきているし、親の介護の問題が間もなく発生してくる可能性もあります。その時々の家族の状態と、最優先すべき事柄に合わせて、その都度最適解を導き出していくしか方法はありません。

娘が産まれてからの10年間、夫が「家族一緒に暮らす」ことを何よりも重

視して柔軟な選択を重ねてくれたおかげで、私たち家族は、これまで一度も別居せずに暮らすことができました。夫が主夫という夢のような生活がいつまで続くのかわかりませんが、多くの人々に支えられてきたことに感謝しながら、これからの家族にとっての最適解を夫と二人で模索していきたいと思っています。

● 引用文献

治部れんげ（2009）『稼ぐ妻・育てる夫：夫婦の戦略的役割交換』勁草書房

コラム
配偶者より

　大学院中退後に私が就職したのは、専門とは関係のないIT業界の企業（いわゆるシステムインテグレータ）でした。構造的な問題から長時間労働が常態化している業界で、私が関わった現場の多くも例外ではありませんでした。会社員時代はどうにかこうにかそれらの仕事をこなしてはいましたが、家庭生活を顧みる余裕はほとんどありません。河口湖に転居したとき（本文3-4）は、在宅勤務になることで仕事と家庭との両立ができるようになるかもしれないと思いましたが、生活の場と同じ環境で長時間仕事をするのは、気持ちの切り替えが難しくかえって余裕を失わせることになりました。家事や育児にほとんど関われないまま深夜まで仕事部屋で作業をし、妻と娘が寝ている寝室で1時間仮眠をしてからまた起きて仕事を続ける、というような日が続くこともありました。当時はまた、家庭での自分の役割や存在意義についても自信を失いつつあり、今思えば心身ともにかなり荒んだ状態にありました。あのままの状態が続いたら、ワークライフバランスどころか「ライフ」を保つことすら難しかったかもしれません。本文（4-1）では、「仕事が一段落したところで退職しフリーの在宅ワーカーになることを決めた」ということになっていますが、「心身ともに限界に達したのでとりあえず退職した」といったほうが当時の私の実感には近かったように思います。

　このように、私がフルタイムの仕事を辞めることにしたのは私個人の心身の健康問題がまず大きく関わっていたわけですが、フルタイムの仕事を続けながら家庭を成り立たせるのは、私の場合は「家事・育児に対する意識」の面からも難しかっただろうというのが今から振り返っての感想です。本文（4-2）にもあるとおり、会社員時代の私はあくまで「お手伝い」としてしか家事・育児に関わっていませんでした。妻の負担やストレスを解消するには、とにかくできる限りの時間、できる範囲で、妻に言われたことを手伝う、という考え方で行動していたのです。当時妻とは、家事と育児のさまざまなことでときどきケンカのようになっていましたが、自分のなにが問題なのか、会社を退職するまで結局は理解できませんでした。私はとにかく「家族一緒に暮らす」ことにずっとこだわっていたのですが、その「家族一緒」の生活を成り立たせること

に「自分が」責任を負うという意識がなく、「主夫」になって初めてそのことに気づいたのでした。

　一方で、退職を考えた頃から「自分にはこれから成長していく小さな娘がいるんだ」という強い実感がなぜかわいてくるようになり、子どもがいることの責任感や幸せを感じられるようになってきたのです。これは客観的には単に「仕事に疲れてしまって子どもに逃げた」ということなのかもしれません。しかし、会社を退職して「主夫」になるという選択は、結果的には、自分のワークライフバランスが完全に崩れてしまうのをギリギリで防ぎ、自分の家庭での役割を見つめなおすことにもなったわけです。

　そして「主夫」として過ごす現在は、心身ともに一応は健康な日々を送っています。なにより、小学校入学前から今まで、娘の日々の成長を間近でしっかりと見守ることができたのは、主夫ならではの貴重な経験でした。もっとも、8年目に入ってもその家事クオリティは胸をはれるどころか、普通に家事をしているお父さんお母さんがみればおそらく呆れるようなレベルで、ひとえに妻がそれを許容してくれることで辛うじて成立している主夫生活ではあります。

　最近は娘が少しずつ親離れし始めていて、直接的な育児仕事の必要性は小さくなりつつあります。これからは将来の経済的な問題のためにも、あらためて自分のキャリアを見直さないといけなくなるでしょう。年齢を考えると不安もありますが、いまの幸せを噛みしめつつ、自分と家族にとってより良い選択をしようと考えています。

（細川裕士）

第4章　男性（夫）が育休を取った場合の経済的デメリット

郷式 徹

1　育休を取る理由・取らない理由

　私（男性）は2007年7月に次男が生まれたことを受けて、2007年12月から2008年7月にかけて育児休業を取りました。とはいえ、次男はよだれが多くて、かなり重かった以外は、アレルギーなどもなく3時間寝ると目が覚めて、食べて、おむつを替えてしばらく遊ぶとまた寝る、というやりやすい子どもでした。育休後半の1歳前に無認可の保育施設に預けたときも、当初、何日かは私と離れるときにしばらく泣いたものの、その後はすぐに慣れ、食事やおやつも完食、私が迎えに行くと、よだれを盛大に垂らしてニタニタしながらハイハイしてくるという普通の子ども。普通すぎて、育休期間中の子どもとの具体的なエピソードで、ワークライフバランスに関わるような大それたことも思い出せないというのが本当のところです。

　そこで、「育休を取ったお父さんと赤ちゃんとの奮戦記」みたいな内容ではなく、男性が育休を取った際に生じうる社会・経済的側面について振り返ってみたいと思います。そもそも、男性の場合、育児休業を取るのに「子どもが生まれた」という以外に、いろいろと理由をつけなければならないのが現状だと思います。そして、「男性の育児休業」というテーマでは、多くの場合、育休を取った理由や世の多くの男性が育休を取らない理由から書き始められていることが多いように思います。「男性の育休」取得の理由について語られているところ（渥美, 2010；佐藤・武石, 2004）をみると、次のようなものがあるようです。たとえば「子どもが好きだから」とか「子育ての喜びを感じるため」といったまっとうな（だが、うさんくさい）もの。「妻の負担を減らすため」と

いうもの。これは妻の病気といったやむにやまれずといったケースから、自分が育休を取れば妻の負担が減るという（勘違いをしている）ケースまでいろいろあるようです。他には意外と多いのが、その会社や部署で初めての男性育休取得者で「自分が育休を取ることで社会（もしくは会社）を変える」といったもの。

　男性の育休取得者が少ないので取得の理由が一般化できないのに対して、大多数である取得しなかった理由については、①必要ないから（自分以外に育児をする人がいる）、②仕事への影響（職場への迷惑、業務多忙、出世への影響など）、③経済的理由（家計が苦しくなる）といったもので一貫しています（佐藤・武石, 2004）。

　一つめの「（自分以外に育児をする人がいるから）育休の必要はない」というのは、夫と妻が入れ替わっても成り立つ理由です。これが育休を取らない理由として、夫のほうでは挙げられて、妻のほうでは挙げられないのは、多くは育児に対する価値観の問題で、少しは各家庭の状況でしょう。二つめの「仕事への影響」というのは、そうしたことがある会社や組織もあるとは思います。近年は「マタニティハラスメント」という言葉でそれが問題化しつつあります。しかし、本来、育休を取ったことによる「仕事への影響」はあってはならないし、法的にも禁じられています。もし、実際にそうした影響があるならば、その会社や組織が「ブラック」なのであって、単に育児休業に関する問題にとどまりません。そうした「ブラック」な組織では、育児休業の取得などとんでもないということになると思いますが、それ以前にワークライフバランスそのものが保てないのではないでしょうか？

　男性が育休を取得しない理由として「仕事への影響」を挙げるのは、善意に受け取ると、自分の先輩や同僚で育休を取った男性が少ないために「よくわからない」という不安によるものだと思います。悪意を持ってみると、新しいことに挑戦したり、違った状況に身を置いてみるのがいやで、とりあえず現状を保つことを優先したいとも受け取れます。未来は常にわからないのに、現状維持を優先する人をその組織は必要とするのでしょうか？　仕事では日々新しい挑戦をしていると反論する人もいるかもしれません。たしかにあなたはそうかもしれませんが、周りの育休を取らない男性もみんなそうでしょうか？

　「（自分以外に育児をする人がいるから）育休の必要はない」と「仕事への影

響」という理由は個人の価値観の問題だけでなく、社会的な価値観と制度の問題を含みます。そのため、行政、研究、体験者などさまざまに主張や議論がされていますので、本章ではこれ以上深入りしません。

三つめの「経済的理由」は書籍やインターネット上などの公の情報では意外と深い議論がされていません。男性の育休に関する書籍やインターネット上の情報をみても、主に触れられているのは育児休業給付金と社会保険料の免除についてです。しかし、自分の親兄弟や親しい友人、これから育休を取ることを真剣に考えている男性もしくはその妻と個人的に話すと、みんなが最も心配しているのは「実際にやっていけるのか？」「どのくらい貯金を食いつぶさないといけないのか？」といったことです。そこで、本章では男性（夫）が育休を取った場合の経済的な問題を中心に、経験談を交えて書きたいと思います。

2 育休の経済的デメリット

2-1 経済的デメリットはどの程度リカバリーできるか？

男性が育休を取らない理由として「経済的理由」が挙げられることが多くあります。また、育休を取る男性の場合、妻が公務員だったり、研究者でどこかの大学に勤めていたりというケースも多くあります。つまり、男性が育休を取って収入が減っても、世帯全体としては世間一般からみればある程度の収入がある場合です。一方、妻が非正規職だったり、パートだったりして、収入もそれほど多くはない場合には、男性が育休を取る際に経済的問題が立ちふさがります。しかし、そうした場合、実際にどの程度の減収になるでしょうか。

育児休業給付金は雇用保険の制度で月収の50％[注2]が育休期間中支給されます[注3]。つまり、「休業前の給与（標準報酬月額）の50％」×「育休月数」です。たとえば、月収30万円の人が3ヵ月と5日間の育休を取った場合、30（万円）× 0.5 × 3（ヵ月）+ 30（万円）÷ 30（日）× 0.5 × 5（日）= 47.5万円が支給されます[注4]。ただし、次の四点には注意が必要です。

①育児休業に入ってから最初の支給までかなりかかります。その後も2ヵ月ごとの支給です。そのため、育休に入った時点で一定の現金が手元にないと慌てることに

なります。

　②14,310円／日（月額にすると214,650円）という上限額があります。つまり、標準報酬月額が429,300円以上の人は支給額が50％を切ります。[注5]

　③育児休業給付金の算定基準は標準報酬月額であって、ボーナスは含まれません。そのため、育休期間中のボーナス分が減収となります（ただし、育休期間中のボーナスの算定方法は勤務先によって異なります。勤務先への確認が必要です）。

　④勤務先の規定で育休中も給与の一部が支給されることがあります。その場合、給付金の一部もしくは全部が支給されない場合があります。

　また、健康保険や年金にあたる社会保険料は（育休取得者の側は）免除されます。[注6]もちろん、育休期間中も健康保険等はそれまでと変わらず使えます。

　ここまで読んで「ボーナスがなくなることを考えると、結局、収入が半分を大幅に切るのか！」と思ってはいけません。給与所得者である一般的なサラリーマンの場合、社会保険料、所得税、住民税（市・県民税）として年収のうち15～30％を支払っています（表1）。育児休業中は無収入なので、これらを支払う必要がありません。なお、育児休業給付金に税金はかかりません。たとえば、月収（標準報酬月額）40万円、ボーナスが年に4ヵ月分（つまり160万円）という人の場合、年収は640万円ですが、税金と社会保険料を払った残りの手取りは470万円程度です。この人が1年間の育児休業を取ると、その期間中の所得は0円なので税金はかかりません。また、社会保険料も免除となります。したがって、この人の場合、育児休業給付金で約20万×12ヵ月で240万円は確保できるわけです。[注7]結局、手取りで考えると、多くの場合、減収は50％程度に抑えられることが多いだろうと思われます。

　育児休業に関する情報でもう一つまったく触れられていないことがあります。それは保育所の保育料です。保育所の保育料は、本来、育児休業とは何の関係もありません。が、自分の住んでいる市町村のホームページをみてください。ほとんどの市町村で認可保育所の保育料は前年度の世帯所得に応じて決まる仕組みになっています。つまり、前年度の所得が低ければ、その年の保育料は安いし、前年度の所得が高いと保育料は高いのです。ただし、単純に収入と正比例して保育料が高くなるのではない点に注意が必要です。たとえば、私が育休取得時に暮らしていた静岡市の場合、前年度の世帯の所得税額が9000円

表4-1　年収に占める所得税、住民税、社会保険料の年収別概算（万円）

年収	所得税(A)	住民税(B)	社会保険料(C)	A＋B＋C	A＋B＋Cの年収に占める率（％）
50	0	0	7.0	7.0	14.0
100	0	0.5	14.0	14.5	14.5
200	4.5	9.0	27.5	41.0	20.5
300	8.0	16.0	41.0	65.0	21.7
400	13.5	23.5	54.5	91.5	22.9
500	21.5	31.5	68.0	121.0	24.2
600	35.0	39.5	81.5	156.0	26.0
700	52.0	48.0	95.0	195.0	27.9
800	70.0	57.0	102.5	229.5	28.7
900	88.0	66.0	108.0	262.0	29.1

所得税、住民税、社会保険料に関しては、その時の制度、住んでいる市町村、扶養家族の人数等によって変わるので概算である。年収はボーナス4カ月分を含むものとして計算。
住民税は次年度の額である。復興特別税については計算に含んでいない。

未満のD1ランク（保育料13,300円／月）から734,000円のD13ランク（保育料57,200円／月）まで13階層に分かれています（前年度の所得税の課税がない世帯の場合、その他の階層に区分される：http://www.city.shizuoka.jp/deps/hoiku/hoikuryou.html）。

　妻の年収が多いと育休中の男性の収入が減っても世帯全体の収入はある程度維持されるので、保育料はそれほど安くはなりません。しかし、妻が非正規職やパートだったりして、年収が少ない場合、保育料が激減する可能性があります。表4-2に示したように、夫婦間の年収差が300万円以上ある場合、年収の多いほうが1年間育休を取ると少なくとも20万円程度は次年度の保育料を節約できます。先ほどの年収640万円の人のケースだと、妻の年収が200万円ならば32万円程度、150万円ならば45万円程度の節約になります。そうした場合には、育休復帰後の保育料が安くなることを計算に入れると、育休取得による（手取りベースの）減収は、育休を取得しなかった場合の5割未満に抑えられると考えられます。

　妻の年収が低い場合に、年収の高い夫が育児休業を取得することを経済的理

表4-2 夫の育休取得（1年間）による次年度の年間の保育料の節約額（万円）

妻の年収	夫が育休を取得しなかった場合の夫の年収					
	400万円	500万円	600万円	700万円	800万円	900万円
103万円未満	**35**	**42**	**44**	**50.5**	**54**	**56.5**
150万円	**32.5**	**36**	**38**	**44.5**	*48.5*	*51*
200万円	*23.5*	*25*	*25*	*35.5*	*38*	*38*
300万円	15	17	*23.5*	27	*29.5*	*29.5*
400万円	9	9	15.5	19.5	22	22
500万円	2	8.5	12	14.5	14.5	14.5
600万円	6.5	10.5	10.5	13	13	13

静岡市の保育料に基づいて概算。市町村によって保育料の規定は異なる。
夫の育休取得年の年収を0円として計算してある（実際にはそうならない）。
ゴチックの数字は節約額が夫の月収の1ヵ月分以上になる場合、イタリックの数字は半月分以上になる場合を示す（ボーナスを4ヵ月分で計算）。

由から断念するケースがあります。妻が研究者で、非常勤や任期つきのフルタイムではないポストの場合、その年収は相対的に低くなると思われます。さらにそのような場合、妻のほうは雇用保険に加入していない可能性が考えられます。すると、妻のほうが育休を取っても、育児休業給付金は出ませんし、次年度の保育料の節約額もしれています。それ以上に、こうした場合、妻のほうが育休を取ることは、仕事を辞めるということになります。育休から復帰後の仕事やポストの保証はありません。こうしたケースでは、仕事を続けたほうが、研究者としてのキャリアパスがつながる可能性が高まります。また、妻が仕事を辞めて育児に専念しても、夫が育休を取っても、（夫の年収が相当高くない限り）世帯全体の減収はそれほど変わらない可能性があります。

2-2 育児休業給付金の問題

育児休業、特にその経済的な問題を考える際には、育児休業制給付金を無視することはできません。しかし、育児休業制給付金には、育休を取る理由もしくは取らない理由、特に「経済的理由（家計が苦しくなる）」を云々する以前に考えねばならない根本的な問題があるように思います。現実的には、（育児休業給付金を含めて）育休が取れるのは、正規雇用の労働者だけだ、という点

です（正規雇用の労働者の場合も、現実には取れない状況の人も多いのですが）。雇用期限がある非正規職やパートの場合、そもそも育休を取れる可能性がきわめて低いのが現実です。もちろん法的には取れるのかもしれませんが難しいでしょう。安定した職（ポスト）と収入がある人のほうが育児休業を取れるし、そうでない人のほうが取りにくい（取れない）という現実があります。

　人が不公平感を感じるのは、他人が持っている機会が自分には与えられないときです。育児休業制度自体は1992年の育児休業法施行に始まり、1995年には育児休業給付金（当時は給与の25％）が導入され、その後の改定で2007年には育児休業給付金は給与の50％に至りました[注8]。育休制度、特に育児休業給付金の拡大の時期（1995～）は、若者の非正規雇用化が進んだ時期と一致します。現在では、若年層の二人に一人が非正規雇用か失業中です。その結果、子どもが生まれても、雇用形態によって半分の人は育児休業を取れる（給付金が支給される）が、半分の人はそうした機会もありません。百歩譲って（本当は譲るつもりなんてまったくないが）、仮に収入を含めた雇用条件が本人の努力を反映したものだとしても、子どもを持つことや育てる権利の獲得に関しては、正規雇用されている人の努力がそうでない人よりもそれに値するということではないはずです。にもかかわらず、育児休業や給付金の機会がある人とない人に分かれるのは不公平ではないでしょうか？　繰り返しますが、人が不公平感を感じるのは、他人が持っている機会が自分には与えられないときです。

　ただし、こういうふうに言うと、今の日本では、「不公平の是正」ということで「育児休業制度の全面廃止」とか「子どもが3歳になるまで3年間育児休業が取れる。ただし、一切の経済的保証はない（つまり、子育ては自助努力で）」みたいな方向に行くのではないかと危惧しています。もちろん、私は「育児休業制度を全面的に廃止しろ」と主張しているわけでは断じてありません。そうではなくて、「1歳未満の子どもを養育する人が休業した場合、雇用形態等にかかわらず、その間の衣食住に関する収入を保証する」ことが公平感を生み出すと主張したいと思います。

3 研究者の育休

3-1 育休を取るための事前調整 ── 校務と授業

　ここまでの話は研究者でなくともすべての育休取得者およびその予備軍に当てはまることです。ここからは、研究者が育休を取った場合に特化して述べていきます。育児休業は労働者の権利なので、申請すれば取れることになっています。もちろん、実際には、仕事の調整が必要です。大学に勤務している研究者の場合、育休期間中は校務（学内の委員会の委員の仕事、会議への出席、入試業務など）と授業は当然なくなります。

　校務に関しては、その人でなければできない仕事というものはありません。「自分にしかできない仕事がある。だから、育休なんて取れない」というのは、精神衛生上は必要かもしれませんが、単なる妄想です。育休を取ることで得られるものとして、こうした勘違いに気づくことができるということについては多くの男性育休取得者が指摘しています。

　授業に関しては、学内での調整、たとえば「その年は不開講にする」「他の教員が担当する」といった必要があります。妊娠や出産といった身体的な負担がない男性の場合、非常勤や学内の調整でカバーできないときには、育休前後に集中講義で実施といった方法も可能です。ただ、このような調整の仕方だと、育休前後に負担が増えることになってしまいます。また、講義科目などは上記のようなさまざまな手段がありますが、ゼミや論文指導はさらに調整が困難です。育休取得の前年度（つまり、妻が妊娠中）の時点で、他のゼミに移れるようなテーマを学生に指導しておくとか、来年度の卒論を持たないことを学生に公表しておくといった調整が必要かもしれません。

　いずれにせよ、こうした調整・処置は育休申請時に限ったことではなく、サバティカルや在外研究でも同じであるはずです。今後は、介護休業といったケースも出てくるかもしれません。現状では、育休を取得する本人が、少なくとも授業に関しては調整を行わざるを得ない状態になっていることが多いように思います。育休以外の上記の事態も考えると、ほとんどの大学の講座や教室では、毎年のように誰かが現場を離れているというのが常態のはずです。さまざまな理由で現場を離れる本人が調整に走り回るのではなく、組織として対応できる体制を準備しておくことが必要になってくると思われます。とはいえ、

実態は業務の増大に反して、人員配置は絞られていっているので、逆の状態になっているのですが。

　なお、育休に際して大学が非常勤の枠を手当てしてくれることがあります。しかし、これが意外と使いにくい。というのは、非常勤を頼むにしても、自分が育休の間だけなのです。つまり、1回こっきりなのです。だいたい、初めてやる授業は準備に時間がかかります。また、非常勤の場合、その大学のさまざまな手続きや連絡方法に慣れるといった手間もかかります。最低3年（3回）くらいは繰り返さないと最初の準備にかけたコストが回収できません。となると、非常勤を引き受けてくれる人を探すのに難渋します。普段から人脈を作っておく必要があります。

　現状では、育休を取得すると、その期間の収入が減るだけではなく、取得前後の仕事の段取りや調整といった負担も増えます。そのうえ、育児休業期間が退職金などの勤続期間から差し引かれることもあるようです。また、大学によっては、勤続7年に一度サバティカルが取れるという規定がある場合に、育休を取るとサバティカルに関する勤続期間がリセットされるといったこともあるそうです。実際、これでは育休を取得する男性研究者が増えないだけではなく、子どもを産もうという女性研究者も減ってしまいます。制度の活用を進めるためには、育休を取ったら退職金が増えるとか、サバティカルのチャンスが増えるといったインセンティブが必要ではないでしょうか。

3-2　研究はあきらめよう ── 出力系（原稿執筆など）の作業は絶対無理！

　育休を取ると無収入で経済的に破たんする、というわけではありませんが、やはり最終的に所得の4割程度の持ち出しは覚悟しなければなりません。もし、これに見合うものが得られるならば、育休による減収もよりポジティブに受け入れられます。育休によって得られるものとしては、①妻のキャリア（の継続）、②育休復帰後に役に立つような技能の習得、といったものが考えられます。

　育休取得を考えるときに、「授業や校務があるとなかなかできない研究をがっつりやりたい」と考えたりするかもしれませんが、それは困難です。研究や論文執筆といった出力系の仕事をするためには2時間とか3時間とかの連続した時間の確保が必要です。しかし、育児というのは他の作業を中断するよう

な事態の連続です。とても集中して、原稿を書いたりできる状況ではありません。とはいえ、育休中は絶対に2、3時間のまとまった時間が取れないというわけではありません。赤ちゃんが3時間眠ると目覚め、おむつを替えてもらって、ミルクを飲むと3時間寝る、といった子どもなら、時間の確保も可能かもしれません。ただし、それも生後数ヵ月までです。その後は、赤ちゃんも昼間はかなり長く起きています（昼間に寝すぎると夜に寝なくて大変！）。寝返りが上手になると、転がって部屋の中を移動するし、ハイハイができるようになるとまとわりついてくるので、相手をしないといけなくなります。まとわりついてこなくて静かなときには、何か良からぬこと ── 戸棚を開けて中のものを全部出すとか、新聞を細切れにして食べているとか ── をしています。育児とは常に何かをしているときに割り込んでくる出来事です。これは、子どもが小さいうちだけではありません。かなり大きくなっても、こちらが何かしているときに限って子どもは話しかけてきます。こちらから話を聞こうと「今日は何があった？」とか尋ねても、「忘れた〜」としか答えませんが。

　どうしても、数時間の集中が必要な作業、特に出力系を育休中にやりたいなら、赤ちゃんが生まれてすぐから育休を取るべきです。とはいえ、多くの男性にとって、育休の最初の1、2ヵ月は家事や育児に慣れることに費やされるので、そうした野望が成就することはめったにありません。残念！

3-3　入力系（論文を読む）も難しい

　赤ちゃんも生後6ヵ月くらいを過ぎてくると、毎日家の中では退屈になります。親のほうもですが。しかし、まだこの段階では公園で遊ぶといったことは難しいでしょう。また、地域の育児支援センターや育児クラブみたいな乳児を遊ばせる場所もありますが、パパの場合、入りにくいのです。赤ちゃんではなく、パパのほうが。育児支援センターみたいなところに行っても、他の子のお母さんたちの輪に入れないので、結局、赤ちゃんと二人で遊んで、過ごす場所が家から変わっただけになります。男性の育児経験談みたいなのを読んだりすると、一日中子ども以外と話す機会がなくてつらかったとか、お母さんたちの輪に入って楽しかったみたいなことが書いてあったりしますが、数ヵ月の育休期間（1年間の育休を取っていても、赤ちゃんを外に連れ出して、他のお母さんとしゃべるなんていうのは、後半だけです）で、新たな人間関係を作って、維

持していくのは人によっては苦痛ではないでしょうか。少なくとも私はそんな面倒くさいことは御免でした。それに、家の中でずーっと子どもの相手だけをしているのは退屈ですが、妻以外の大人と話せないというのは特に苦痛でもありませんでした。だいたい、育休前だって、学生を除くと妻以外の大人と話さない日も多かったわけですから（文系の学部では、各教員はそれぞれの研究室があって、研究内容もバラバラなので業務以外では話さなくてもそれほど支障はない。まあ、問題がないわけではないと思うけど）。

　問題は「家の中で」「子どもの相手だけ」ということなのです。そこで、私は晴れている限りは子どもを抱っこして散歩することにしていました。ちなみにおんぶでもよいし、坂道や階段が多かったりするとおんぶのほうが楽な気がします。特に、私は次男が生後半年から1歳の間に育休を取ったのですが、彼は生まれたときはそれほどではなかったものの、その後急速に巨大化したので、抱っこしつづけるには相応のリスクと技能と覚悟が必要でした。しかし、彼は超がつくほど大量によだれを垂らす赤ちゃんで——2歳くらいまではよだれ掛けを二重にしていた——散歩に出て楽しくなるといろいろ意味不明なおしゃべり（？）を始め、いつもの倍くらいよだれが出るのです。おんぶをすると30分後には私の背中はびしょびしょ……というわけで、2、3回試した後、おんぶは断念しました。で、基本のスタイルは大きめのウエストバックを腰に着け、スリングで抱っこという形に落ち着きました。なお、長時間の散歩の場合には、これに背中に背負えるデイバックが加わります。ウエストバックは歩きながらでも中のものが取り出せるという利点以外に、子どものお尻をウエストバック

第4章　男性（夫）が育休を取った場合の経済的デメリット

で支えることで、重量級の赤ちゃんの位置を安定させ、肩と背中の負担を減らす役割があります。

　こうなると、結局、0歳児と一緒にいてできることは次の条件を満たしているものになります。①いつでも中断できる、②道具が不要か片手で持てる程度にしか必要がない、③立ったままか歩きながらできる。この条件に当てはまるものとしては、「メモを取らなくてもよい本を読む」「聞き流せる程度の英語のリスニング」「考え事」くらいでしょうか。①に関しては覚えていなくてもよいものが条件になるし、実際、途切れ途切れで読むので、後から思い出して研究に使うといったことは無理です。そのため、専門書や論文は対象外です。残念ながら、育児をしながらでは、入力系の作業（論文を読む）も難しいのが現実です。

3-4　赤ちゃんがいてもできること

　前節で挙げた条件を見直すと、「メモを取らなくてもよい本を読む」に関しては、小説や簡単な内容の新書になってしまいます。とはいえ、小説ばかり読んでも「育休復帰後に役に立つような技能の習得」にはなりません。そこで、私は英語の多読を行いました。英語の多読法に関しては書籍やホームページもあるので、詳しくはそちらを参照してください。簡単に言うと、ものすごく簡単なレベルから英語の本を、辞書を引かずに読み散らかしていく、というものです。私自身は英語が得意なほうではないので、（ネイティブの）幼児向けの絵本みたいなものから始めました。ただし、絵本は1冊に含まれる語数が少ないし、サイズが大きいので、②道具が要らないか片手で持てる程度にしか必要がない、③立ったままか歩きながらできる、という条件に当てはまりません。もし育休中に（英語の）多読をするなら、育休取得前から始め、育休取得時には（ネイティブの）小学校低学年向けくらいの本が読める状態にしておくことをお勧めします。小学生向けになるとペーパーバックサイズのものがたくさんあるので、立ったまま片手で持ちながら読むことができます。家の中なら赤ちゃんを抱いたまま読むことも可能です。私自身は育休前に70万語（時間換算では150時間強）読み、育休開始時にはなんとか小学校低学年向けくらいの本にたどり着きました。その後、6ヵ月の育休の間に170万語程度（約300時間）読み、小学校中学年レベルの小説は苦労なく読むことができるようにな

りました。ちなみに、育休復帰後5年経ち現在800万語程度を読んだ計算になりますが、ジュブナイル向けの小説や、大人向けでも推理小説、SF、ベストセラーはおおよそ筋を追って楽しむことはできます。しかし、今でも細かい心理描写、情景描写は十分にわからないところが多くあります。

　晴れた日は散歩をしていたと書きましたが、さすがに歩きながら本を読むことはできません。育休取得当時は静岡市の郊外に住んでいたために、周囲にいくらでも散歩のできるハイキングコースというかちょっとした山道がありました。そこで、聞き流せる程度の英語のリスニングをしながら、そうした山道を歩いていました。だいたい聞いていたのは、多読で読んだ小説のCDです。既に読んだ内容、しかも小学校低・中学年レベルなので、しっかり聞き取らなくてもうっすらと内容はわかります。ただし、こうしたいいかげんなヒアリングは聞き取りの訓練としてはあまり効果がないようです（ということを、育休取得時から3年後の在外研究で思い知りました）。

　歩きながらできることとして、あとは考え事を挙げました。しかし、これは有効なのかどうかは微妙です。というのは、家に帰った後、考えたことをきちんとメモするといったことをすればいいのですが、赤ちゃんとの散歩中には大概それができません。なぜなら、散歩の終了は赤ちゃんのおなかがすいたり、おむつが汚れたりしたときであり、家に帰ったらその対応をしなければならないからです。そんなことをしているうちにメモするのを忘れるか、メモする内容を忘れてしまいます。また、考えている途中に資料を調べるといったことができないので、考えるというよりも、単なる妄想になりがちです。

3-5　それでも時間を作らねばならないこともある

　研究や論文執筆といった出力系の仕事は0歳児と一緒にいてはできないということを述べました。そうは言ってもどうしてもそうした仕事をしなければならないこともあります。私も育休前に引き受けた仕事で書かなければならない原稿がありました。こうした出力系の仕事をするためには子どもから離れるしかありません。そこで、育休後半には家からいちばん近い無認可の託児施設に週に数回、1日3時間ほど預けて、施設そばのファミリーレストランで原稿を書いていました。

　なお、こうした必要性がなくても、育休復帰前に一度子どもを集団保育に入れておくことをお勧めします。というのは、育休復帰後は多くの場合、保育所などに子どもを預けることになると思いますが、初めて集団保育に入るといろいろな（軽い）病気をもらってきます。そして、病気中は、ほとんどの保育園は預かってくれません（病児保育があるところもありますが、制度的に使いにくいことが多い）。そのため、育休復帰前に、週に1～3度くらい無認可の保育サービスに預けておくと、ところどころで病気をしたりすると思います。そうしておくと病気に対する免疫ができるため、育休復帰後、病気で預けられなかったり、（熱が出て）呼び出されたりすることを減らせます。

4　おわりに

　ここまで、育休を取った際の経済的なダメージ、そしてそのダメージはどの程度リカバリー可能なのかについて主に書いてきました。育児休業給付金のように直接的な補てんもあれば、保育料の節約のように間接的なものもあります。また、育休中に業績につながるような研究は難しいですが、遠い将来に結びつくかもしれない教養や何がしかの技能を身につけることは（領域や種類は選ぶものの）不可能ではありません。むしろ、育児状況下で研究や仕事ができないからこそできることともいえます。

　いずれにせよ育休取得による経済的デメリットからは逃れようがありません。ただ、現在の日本では子どもを持つこと自体が経済的にはデメリットでしかありません。お金の損得だけを考えたら、子どもを持つべきではありません。子

どもを持ってしまった、もしくは、持つ決断をした時点で、合理的な経済行動とは矛盾します。だからといって、お金のことをあまり考えないというのは（お金がかかる）子育てに対して無責任なように思います。一方で、「子どもにはお金がかかるから」という理由で、子育てをすべて妻に押し付けて、仕事だけに集中するというのもどうかと思います（それなら、子どもを持つ必要もないのではないでしょうか？）。

　厚生労働省の「イクメンプロジェクト」のホームページ（http://ikumen-project.jp/index.html）のQ&Aのコーナーでは「国が男性の育児休業を推進している背景、理由は何ですか？」という質問に対して、「子育て期の父親と母親がともに子育ての喜びを感じ、その責任を果たし」といった答えが示されています。子どもを育てるという経済的には非合理な行動を選択したうえで言っても仕方がない気もしますが、育児の喜びや責任の負担だけでは食えない以上、育休による無駄な経済的ダメージは避けるべきではないかというのが本章の主張です。

　本当は損得計算抜きで、子どもと過ごすことを楽しむための時間として育休があるべきだと思います。一方で、現状はそんな理想論では済みません。たとえば「子どもを持つことには（経済的な）負担と責任がともなうが他の何物にも代えがたい精神的な喜びがある」みたいなことを言う人がいます。しかし、この文は「子ども」を「大型犬」に置き換えてもそのまま通用しそうな内容です。しばらく前に東京のほうでベビーカーを利用する地下鉄の乗客に対する配慮を呼びかけるポスターに対して、一部のマナーの悪さ（ベビーカーが電車内でじゃまになっていることなど）を指摘する声が挙がり、賛否両論が噴出し、（特にインターネット上で）大きな議論になりました。驚くのは、これらのネット上の議論の中のベビーカーへの厳しい意見として「『赤ちゃん』を連れて電車に乗る際には他の人に気を使ってほしい」「『赤ちゃん』を連れてラッシュアワーに電車に乗るなんて非常識」といったものがありますが、こうした発言の「赤ちゃん」や「子ども」といった単語を「ペット」に置き換えてもほとんど文章としては違和感なく読めてしまうことです。子どもは経済的にゆとりのあるカップルの精神的な喜びのための「ペット」ではないはずです。もし、「ペット」ならば、育ちつつある子どもたちが将来の社会を支えてくれるといったことを望むのは間違っています。子育てが（お金のかかる趣味ではな

く）未来に対する社会的な貢献としての側面があるならば、社会は子育てをしている人たちを支えることが必要です。それを形として示したものが、育児休業制度や育児休業給付金だと思いますが、その恩恵を受けられるのは出産適齢期の家庭の一部に限られます。そして、それすらもほとんどの人にとって、子育てが経済的にデメリットと感じられる現状では十分なものではありません。また、子どもを育てるということが、女性（母親）に負担を強いている状況を黙認している社会では、女性（母親）が育休を取るのが当然で、男性（父親）が育児休業を取ることは、「趣味」としてしか理解されないのではないでしょうか。そして、それゆえに、男性が育休を取る際には理由をつけなければならない現状を生んでいるのではないかと思います。

注1　育児休業という以上、男性＝父、女性＝母というカテゴライズで記述してもよいかもしれない。しかし、特に男性が育休を取る場合、父‐子の関係、もしくは交渉において育休取得が行われるわけではない。あくまで、夫婦の間の問題として育休取得がなされると思われる。そのため、本章では父‐母ではなく、夫‐妻というカテゴライズに基づいた表記としている。

注2　平成22年4月1日以前には、育児休業基本給付金（標準報酬月額の30％）が育児休業期間中に支給され、育休復帰後6ヵ月を経過してから育児休業者職場復帰給付金（標準報酬月額の20％）が給付されていました。平成22年4月1日からは、育児休業基本給付金＋育児休業者職場復帰給付金が育児休業基本給付金に一本化され、育児休業期間中に全額が支給されるように改正されました。

注3　2014年4月1日より、育児休業開始から180日目までは67％が支給され、181日目からは50％支給に改訂。

注4　1ヵ月未満の短期の育休でも、極端な話、1日の育休でも、日割りで育児休業給付金は出ます。ただし、社会保険料の免除は適用されない場合があります。

注5　2014年4月1日の改訂（注3参照）にともない、上限額も支給率が67％のときは月286,023円、50％のときは月213,450円となっている。ただし、この額も2014年8月1日以降、改訂の可能性がある。

注6　社会保険料の50％は雇用者、50％は被雇用者が支払っている。育児休業取得時には被雇用者の負担は免除される。

注7　住民税に関しては前年度の所得に応じて納税額が決まるので、実際に安くなる

のは育児休業取得の翌年である。育児休業中は給与からの天引きができないので、自分で納付書を銀行やコンビニなどの窓口に持って行って支払うことになる。

注8　注3参照。

● 引用文献

渥美由喜（2010）『イクメンで行こう！：育児も仕事も充実させる生き方』日本経済新聞出版社

古川昭夫・神田みなみ（編著）（2013）『英語多読完全ブックガイド（改訂第4版）』コスモピア

イクメンプロジェクト（2013）イクメンプロジェクトホームページ：育児休業制度についてよくあるご質問．http://ikumen-project.jp/index.html

厚生労働省（2013）平成25年10月29日付職業安定分科会雇用保険部会（第93回）資料3．http://www.mhlw.go.jp/stf/shingi/0000027874.html

佐藤博樹・武石恵美子（2004）『男性の育児休業：社員のニーズ、会社のメリット』中央公論新社

静岡市（2007-2013）静岡市ホームページ：保育料について．http://www.city.shizuoka.jp/deps/hoiku/hoikuryou.html

コラム

子連れで在外研究

　2011年度に在外研究で約10ヵ月間、家族—妻、長男（当時10歳）、次男（同4歳）、三男（同2歳）—とランカスターというイングランド北西部の町で暮らした。ランカスターはその地域の中核都市という位置づけだが、人口は5万人程度で日本の町の規模でいうと小さな町といえるだろう。なので、当然日本人学校などはなく、長男は地元の公立小学校へ、次男と三男は地元の保育園へ通った。

　子どもに関する費用でいうと、イギリスの小学校は日本の小学校よりもお金はかからない。教科書だけでなく、ノートや筆記用具も学校に備えつけてあるため家庭で用意する必要はない。一応、標準服なるものがあるが、それもポロシャツに綿のパンツで特に高いものではなく、近所のファストファッションのお店のものと変わらない値段で学校の事務室で買える（日本の学校の指定の体操服などは市販の同等品より高い価格設定になっているように思えるのだが気のせいだろうか？）。また、給食は選択制でお弁当を持って行ってもよい。給食は事前に申し込む。申し込みは1日ごと、週ごと、月ごとなどかなり柔軟で、1食2ポンド（当時は円高ポンド安だったので240円くらい）だった。長男は他の子と配膳に並んだりするのが楽しくて、ほぼ毎日給食にしていた。

　イギリスというと食べ物がまずいといったイメージがあるが、息子の行った学校（たぶんイングランド全体）は肥満対策で食育に力を入れていて、メニューも豊富で割とおいしそうだった（それでも日本の給食のほうがバラエティーに富み、おいしそうに見える）。ただし、息子のクラスメートの持ってきているランチ（弁当）は「食パンとオレンジ」とか「中身がピーナッツバターだけのサンドイッチ」といったものが多かったのは事実である。また、イギリスでは塾に通う習慣はないので、長男もそうしたものは行かなかった。しかし、近所のダンス教室に週1回通った。とはいえ、1回1時間で4ポンド弱（450円くらい）であった（日本だと2000円〜／回くらい）。これは子どもの運動不足解消と文化の発展のために補助金が出ているためらしい。イギリスの消費税の税率は20パーセントだが、食料品、医薬品、新聞、書籍、交通費、子ども服など、生活に欠かせないものは非課税なので、日常的にかかる生活費、特に子

どもに関連することは日本よりも安く感じた。

　一方、次男、三男については「幼児なのでずっと家にいてもいいか」などと当初は十分に考えていなかった。しかし、渡英後3週間ほどして、兄が小学校に行き始めると次男が「友だちと遊びたい」と言い始めた。そこで、近所の送り迎え可能で、空きのある幼稚園や保育園を探した。小学生は教育にほとんどお金はかからないが、幼児保育はかなり高い。日本でいうところの認可保育園のような場合、午前もしくは午後のみで1人1日19.2ポンド（2300円くらい）、1日中だと32.5ポンド（3900円くらい）する。なお、すべてランチとおやつ代込みである。ただし、3歳以上の子どもについては幼児教育保障の観点から外国人でも週15時間分の補助金が出る（申請は必要）。我が家の場合、午前中だけの保育に次男と三男が通って、次男は補助金が出たが、三男は2歳児だったため、結局毎月400〜500ポンド（5〜6万円）かかった。なお、英国でフルタイムで働いている人の場合、企業から保育料分のバウチャーのようなものが出る制度があるようである。

　ちなみに在外研究に子どもを連れて行くと外国語が話せるようになるというわけではない。我が家の場合、長男はイギリスにいる10ヵ月間、結局ほとんど身振り手振りで通し、しゃべらなかった。先生や友だちの言うことはわかるようになったと本人は主張していたが、かなり怪しい。ただし、日本に帰ってきてからも、先生や友だちの言うことをよく聞いていなかったり、誤解していたりするので、もうこれは言葉の問題ではないかもしれない。そのうえ、日本の4年生で習う内容がすっぽり抜け落ちているので、3年生時点では結構良かった成績（学習内容の理解）も帰国後の5年生では下のほうになっていた。その後、1年半くらいかけて、ようやく中の上くらいまで復活してきたようだが、未だに一部の漢字は怪しい様子である。次男は保育園では友だちとおもちゃの取り合いをしたり、先生と英語で話していた。しかし、本人に尋ねると自分でも何を話しているのかわからないと答える。英語と日本語の変換は全くできていなかった。そして、帰国後、数ヵ月で完全に日本語のみの状態に戻ってしまった。三男は帰国寸前に「Oh 〜 dear !」を連発するようになったものの、それ以外はほとんどしゃべらず……。

　在外研究の際に子どもをどうするかについては、経済的にはプラスマイナスゼロだと思われる。連れて行かなくても、外国（自分）と日本（家族）の二重

生活になるので。いずれにせよ往復の航空券以外に引っ越し費用と保険料にビビること間違いなしである。引っ越しは極限まで荷物を減らしても片道数十万円（荷物を減らすと、足りないものを現地調達することになる）、保険も駐在員保険なるものに家族全員分入ると50万円近く……という大ダメージ。ただし、保険に関しては本当は入らなくてもよかった。というのは、現地で英国の国民保険NHS（National Health Service）に加入させてもらえたので。とはいえ、これは現地でその場になってみないとわからない（制度もコロコロ変わるらしい）ので、安心のために入らざるを得ないだろう。

　結局、在外研究は、特に家族がいる研究者にとっては、本人だけでなく家族にとっても経験としては大きいが、経済的ダメージも大きい。経済的な影響、仕事とは異なる経験、ものの見方（価値観）の変化など、育児休業と在外研究は共通点が数多くある。育児休業を取る男性研究者は、いろいろわからないことや予想される困難があっても、在外研究の時に子どもを連れて行くような気がする。

（郷式　徹）

第5章　病児保育といろいろな働き方

久保（川合）南海子

1　初めての出産と入院生活のはじまり

1-1　NICCUを知っていますか？

　NICCUとは、新生児と乳児の心疾患集中治療室（Cardiac Care Unit）のことです。年の瀬も押し詰まった冬の日に産まれた私の子どもは、わずか半日後、二つの病院を経てそこにいました。

　出産後へとへとに疲れて、でも気持ちは高揚して病室のベッドで横になりながら夫ととりとめもない話をしていたとき、看護師さんが来て「先生が呼んでいますから来てください」と言いました。とてもいやな予感がしたその瞬間をいまでもよく覚えています。よろよろしながら分娩室に戻ると、さっきまで私が抱いていた子どもが保育器に入っていました。これからもっと大きな病院に移して検査をします、といわれ子どもを産んだ喜びもつかの間、何がなんだかわからないショックでいっぱいでした。

　移送された病院で「先天性の心臓疾患がある、すぐに心臓の専門施設がある病院で治療が必要」との診断を受け、さらに移送された先が中京病院小児循環器科のNICCUでした。NICCUに着いても「いま処置をしています」と長らく待合室で待たされました。産後まだ数時間しか経っていなかった私と夫は話をする気力もなく、ただ黙って座っていました。ようやく呼ばれて、主治医となるK先生から子どもの現在の状態や今後の治療について詳しい話を聞きました。これからすぐに治療を始めなければならないこと、そのためNICCUに数ヵ月入院すること、そして2、3年の間に少なくとも3回の段階的な外科手術が必要であることがわかりました。「手術をすれば生きられるのですか」「すべ

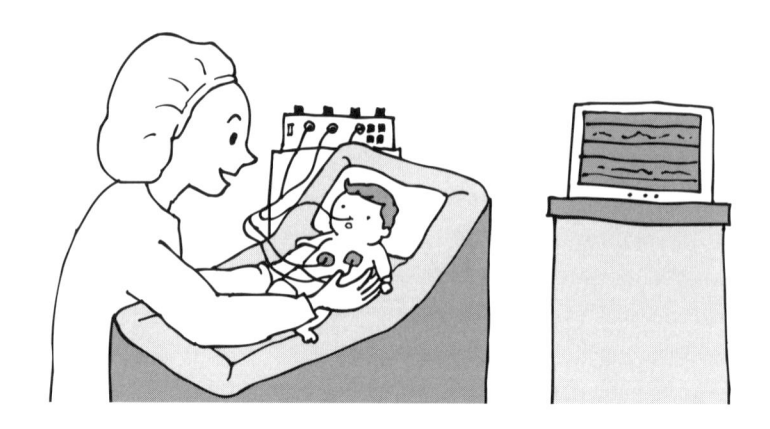

ての手術が終われば日常生活に大きな支障はないのですか」と何度も同じようなことを尋ねる私にK先生はきちんと答えてくださり、私の気持ちはずいぶん落ち着きました。

　K先生はいまでも私の子どもの主治医ですが、最初からいまに至るまで先生への信頼感は変わることがありません。病気の治療にあたって、病院や医師を信頼することは何より重要です。確かな治療技術だけでなく、本当にいつ休んでいるのだろう？　と不思議なくらいの激務をこなしながら、いつも患者とその家族に真摯に向かい合ってくれた先生たちがいてこそできた闘病生活でした。

　さて、産院から退院すると、私は子どもが入院しているNICCUへ毎日通うことになりました。NICCUにいる子どもには頻繁に会えない、会っても保育器などに入っていて抱くことなどできない、と最初はイメージしていましたが、それは全然違いました。子どもの小さな身体にはたくさんの管やいろいろなモニターへつながったケーブルが付いていましたが、サークルベッドでふつうに寝ていました。消毒した手であれば素手で触れましたし、管やケーブルに注意しながら抱っこもできました。面会は感染のリスクを避けるために両親以外の人に関しては制限されていましたが、逆に両親であれば、お子さんのために面会時間の間できるだけ長くいてほしいと言われました。

　NICCUへ通う毎日の中で、朝起きてから午後に病院に行くまでのあいだ簡単な家事以外することがなかったにもかかわらず、私は何をする気にもなれませんでした。そんな私に、夫は「仕事への復帰が当初の予定よりも先になりそうだし、子どもが退院してきたらそれこそ仕事など何もできない。いまこの

時間を利用して論文を書け！」と喝を入れました。たしかにその通りでしたが、病院通いの毎日では気持ちの切り替えも頭の切り替えも本当に大変で、かなり時間がかかってようやく1本の論文を完成させたときには、私は子どもに付き添って入院するところでした。病院の隅で慌ててパソコンを開いてやきもきしながら電子投稿したのも、いまではいい思い出です。

　中京病院のNICCUでは主治医とともに担当の看護師が一人、決まっていました。私の子どもの担当はYさんという、経験豊かでとても朗らかな愛情深い看護師さんでした。初めての育児でとまどうことばかりなのに、病気で長期の入院やこれから何回も手術をしなければならない、というような状況の子どもに向き合う私は毎日不安でたまりませんでした。そんな私にYさんは「お母さん、大丈夫ですよ」と言っていつも寄り添ってくれました。いまは大変だけれどこれからこうなって、そうしたらどんどん楽しくなりますよ、などの具体的な話は、先のことが皆目わからない私にとって何よりの支えになりました。

　いまでも定期検診で病院の外来に行くときには、帰りにNICCUを訪ねてYさんと会うこともあります。うちの子どもはYさんにお世話になったことなどすっかり忘れて、ただ恥ずかしがるばかりですが、Yさんは「うわ〜大きくなったね〜！」と喜んでくれます。NICCUの扉から漏れ聞こえてくるモニター音を聞きながら、「大きくなること」がただ切実な希望だったあの頃を思い出し、Yさんの言葉の重みを感謝とともにかみしめています。

1-2　付き添い入院の「寝食問題」

　1回目の手術が終わり、いよいよNICCUを退室することになりました。しかし、退院とはいきませんでした。1回目の手術結果の経過をみて追加の手術が必要ということになったのです。季節は長い冬から春になろうとしていました。手術の予定は数ヵ月先まで多くの患者さんで埋まっています。追加手術の日程が決まらないまま、一般病棟で待機入院をすることになりました。これがその後、数えきれないほど経験することになる私の「付き添い入院」の始まりでした。

　NICCUを退室したといっても、一般病棟はそのすぐ隣です。NICCUからの退室とは子どもの入院する場所が少し変わるだけ、という私の考えが、まったくの間違いであった、と思い知らされるのはすぐのことでした。「これからは

お母さんも一緒に入院するんですよ」そう言われたときの衝撃たるや！　私が入院して何をするの？　私がすることは、子どもに関わる治療以外のすべて、だったのです。つまり、私は初めての本格的な子育てを、病院の薄いカーテンで仕切られただけの五人部屋の小さなサークルベッドの中で、子どもと24時間ずっと一緒に寝起きしながらすることになったのでした。子どもにしてみれば、最初は「この手際の悪い看護師さん、どうして交代しないのかなあ」くらいの感じだったのかもしれません。

　子どもと一緒に寝起きするサークルベッドの狭さや、薄いカーテンがちょっとした視覚的プライバシー以外は何も遮ってくれない環境には、意外と馴れてきます。のちに子どもが大きくなってからの付き添い入院では、ベッド脇の床にマットを敷いたりして、少しでも広く生活空間が確保できるように工夫しました。薄いカーテンは些細な音や会話が筒抜けで、子どもが夜にベッドで大泣きしていると周りに申し訳ない思いでいたたまれないのですが、他の子どもがそうしているときは気の毒に思いこそすれ、案外気にならないものです。

　付き添い入院のお母さんたちとは、よく話をしました。自分は元気で、でも一時たりとも子どもから離れることもできず、病室から出ることもままならない軟禁生活ではおしゃべりくらいしかすることがないのです。子どもが病気であるという共通の心配事があるためか、かえって余計な気を遣わなくてよい気安さもありました。症状がよくなっていたら一緒に喜び、お見舞いに来た家族とケンカしたと言っては慰め合ったりして過ごしていました。

　それから、付き添い者には食事が出ません。患者ではないからです。それはごもっともなことでしたが、院内の小さな売店は遠いうえに早く閉まり、子どもをベッドにおいて買いに出ることすらままなりません。夫は毎日、仕事帰りにお弁当やパンなどを買って届けてくれましたが、夫が出張で来られないときは死活問題でした。冷蔵庫はベッド脇のテレビと一緒になっている小さいものだけですから、備蓄もままなりません。最後の手段はカップ麺やカロリーメイトです。

　付き添い者でも「病院側のサービスで」病棟のシャワーを使うことはできました。患者さんたちがすべて使った後、シャワーの使用可能時間内に運良く子どもが寝てくれたらそのスキに、でなければ仕事帰りの夫が来たら会話もそこそこに付き添いを交代してシャワーを浴びます。使用表に予約を入れて、一人

が使用できる時間も決まっています。たかがシャワーですが、一日のなかで最も慌ただしい作業でした。

　何もかも、病気の子どもを持つまではまったく想像したこともありませんでした。子どもが病気であるという心理的な大変さや病気にともなうケアのあれこれだけでなく、こんな種類の苦労もあるのだと初めて知ったのです。

2　退院後に直面したいろいろな壁[注1]

2-1　復職への道

　NICCUを退室して追加手術のために待機入院をしていましたが、日程が決まらないまま一度退院しました。年末に生まれた子どもが初めて自宅にやって来たのは、桜が満開になった頃でした。しばらくしてようやく手術の日程が決まり、再入院して無事に終了、1ヵ月ほどで退院しました。次の手術は経過をみながら、おそらく1年後ということでした。1週間に1回の外来診察が2週間に1回になり1ヵ月に1回の診察でよくなって、やっと仕事への復帰に向けて具体的な対策をとれるようになりました。産む前に想定していた約半年の産育休暇の期間はとうに過ぎていましたので、さらに数ヵ月延長する申請をしました。

　最初に子どもの病気を告げられたときには、それだけで頭がいっぱいで仕事のことなど考える余裕もありませんでした。しかし、NICCUで治療が始まると、子どもの病気は突発的な出来事ではなく、私の新しい日常になりました。これからこの日常を私は生きていくのです。ならば、私はいずれ仕事へ復帰するのだ、復帰するためにはどうしたらいいのだろうか、ということを少しずつ考えられるようになりました。その一方で、病気で大変な状態の子どもがいるのに仕事へ戻りたいなんて、ひどい母親なんじゃないだろうか、家族や職場にも迷惑ばかりかけるんじゃないだろうか、などと復職することを考えるだけで自分自身が後ろめたい気持ちになってしまったことも事実です。しかし、そんな私の背中を力強く押してくれたのは、ほかでもない家族や職場の人たちでした。子どもの病気のために私が仕事を辞める、という発想はみじんもないような夫や職場の先生たちが、仕事に復帰することを前提にいろいろな話をするの

を聞いて、そうか、私は仕事に戻れるんだ、戻っていいんだ、と思えるようになりました。

　子どもに病気があっても普段の生活についてわかってくると、無用な心配も少なくなります。しかし、復職にあたっていちばん肝心だったのは、実は迷いがないことでした。そもそも復職とは、子どもか仕事か、という選択の問題ではなかったのです。仕事は私でなくてもできる、しかし子どもの母親は私しかいない、という明確な事実は、仕事と子どもに対する私の覚悟をしっかりしたものにしてくれました。この子どもと仕事の日常を、できるだけのことをやって両立させていこう、どうしようもできなくなったときには迷うことはない、そのときは子どもを優先するのだから、という当たり前のことを改めて自覚できたとき、私はすっきりとした気持ちで復職へ踏み出すことができました。

　子どもが病気でなくとも、子どもをおいて仕事をしている母親は、誰でも多かれ少なかれ後ろ髪を引かれる思いでいるはずです。それでも前を向いて日々の仕事と生活をこなしていけるのは、子どもの母親は自分しかいないという、迷いのない当たり前の覚悟があってこそなのだと思います。

　復職に対する気持ちはすっかり前向きになった一方で、自宅は名古屋、職場は京都、実家は東京。慢性疾患の子どもを毎日どこに預けるのか？　現実には大きな問題が待っていました。

2-2　「例外」への脆さ

　子どもには、まだ大きな手術が2回も待っていましたが、日常生活にあたって特別な問題はありませんでした。それまでは1日のうちで7回にも分かれていた投薬のスケジュールも調整してもらい、朝昼晩の3回になっていました。主治医のK先生からも集団保育は可能と言われていたので、まず夫の勤務先である名古屋大学内の保育園に話をしにいきました。妊娠中に説明会などに出向き、すでに入園の審査を経て内諾を得ていましたし、内閣府の推進する男女共同参画事業の一環で設立された保育園ですから、このようなケースにこそ対応してくれると期待していました。

　ところが現場では、疾患のある子どもを預かることに対してかなりの抵抗がありました。事務職員はどうして民間に預けないのかと夫に電話をしてきました。何かあると困るそうです。だから、近くに夫がいて、何かあったらすぐに

迎えに行って対応できるように、職場の保育園に預けたいと思っているのに。保育園のスタッフ、大学の事務職員、男女共同参画室の教員、主治医のK先生も含めて何度も話し合いを重ねましたが、とうとう受け入れられませんでした。現代の社会モデルとしての保育園を標榜しているのに、心底がっかりしました。

私たちはうちの子どもに対して特別な「何か」を想定してお願いしたわけではありません。慢性疾患があるといっても、日常生活は健常な子どもと同じなのです。いまその保育園で保育されている子どもたちと同じ保育の範囲内で同じ注意をしてほしいだけなのです。「子どもに熱があったら保護者に連絡しますよね、それをしてください、すぐに迎えに行って、あとはこちらで主治医の先生と連絡を取ります」「子どもが大きなけがをしたら保護者に連絡しますよね、それをしてください、すぐに迎えに行って、あとはこちらで主治医の先生と連絡を取ります」そうお願いしているのですが、それでも「何か」を想定されてしまうのですね。「何か」は病気の子どもだけでなく、誰にだって想定できることではないのでしょうか。

現場が及び腰なのは、現場だけの問題ではありません。何かあったときに困る、と現場が考えてしまうような、大学を含めたシステムの問題もあります。何より残念だったのは、現場も大学も、最初から最後まで「できるかどうかわからないけれど、まずは一緒に考えてみよう」という姿勢がまったくみられないことでした。大学内で大学関係者の子どもだけを預かるという、ある意味とても閉鎖的な保育園であればこそ、大学が推進する男女共同参画事業として一石を投じるような対応を考える姿勢、せめて「気持ち」くらいあってもよいのではないかと思うのは、当事者のわがままでしょうか。ふつうの子どもをふつうに預けることになったらまったく考えなかったようなことを、深く考えさせられた一件でした。

2-3　慢性疾患は病気なの？　病気じゃないの？

先の保育園とのやりとりで2ヵ月ほどの時間が過ぎていました。季節はもう夏でした。これからほかの保育園にあたる時間も気力もすっかり失せて、とりあえず集団保育をあきらめました。現実的にも自宅や夫の大学の近隣で、年度の途中から入れるような保育園はありませんでした。保育園よりももっと小規

模の「家庭保育室」というものが制度としてはありましたが、実際に自宅から通えるところにはありませんでした。

次は個別保育としてベビーシッターを探すことにしました。民間のベビーシッター会社には最後にあたるとして、まず、厚生労働省のファミリーサポートセンター事業に問い合わせました。ファミリーサポート（通称「ファミサポ」）とは、子育てを支援する人と支援される人が登録して会員となり、自宅での一時保育や学校への送り迎えなどを行う制度です。

すると、慢性疾患のお子さんは病児だから対応できない、との返答でした。ここでも、保育園へ説明したときと同じように、日常生活は健常な子どもと変わらないと伝えても、規則としてできない、の一点張りでした。そこで、病児ならばということで、病児・緊急預かり対応基盤整備事業のあいちこどもケア「たすかる」を訪ねました。しかし、そこでは緊急性がない慢性疾患は健康児の扱いです、と言うのです！　もちろん、保育園やファミサポで言われたことを伝えたうえでお願いしてみたのですが、そちらはそちら、こちらの規則としてできない、と言われるばかりでした。

保育園やふつうの子どもを対象にしたシステムでは病児にされ、病児保育のシステムでは健康とされる。いったいうちの子どもは、病気なのか？　病気ではないのか？　子育て支援の制度は格段に整備されつつありますが、そこで生じる「例外」にはまだ対応できないのだと痛感しました。

2-4　必要なのは「一緒に考える」ことができる制度

子どもを預けられなければ、復職することはできません。時間だけがどんどん過ぎていきます。私は途方に暮れながら、今度は、厚生労働省関連の21世紀職業財団が提供する保育サポーター事業に電話しました。すると即座に、こちらの条件に合った数人の登録サポーターさんを紹介してくれました。これまでの経緯ですっかり気落ちしていた私は、慢性疾患があり手術待機中でも本当に可能なのですか？　と改めてきいてみました。すると、まずは様子をみせてほしい、と言われました。これまでのところでは、こちらの状態を実際に確かめることもなく断られ、子どもの様子をみせることすらできなかったので、それだけでも大きく前進した嬉しいお返事でした。その声には、さまざまな事情に対応してくれる力強さがありました。後は自分でそれぞれの保育サポーター

さんと交渉してみてください、とのことだったのでお一人ずつ電話をしました。何人目かにお電話したTさんが、「それはお困りですね、一緒に頑張りましょう」と言ってくれたときには、本当にホッとして電話をしながら涙が出ました。そして、私が欲しかったのは、この言葉だと思いました。

　心臓疾患があり、まだこれから大きな手術も待っている小さな子どもですから、現在の日常生活に特別な支障はないとはいえ、ふつうとは違うのは十分承知しています。ふつうと同じにはできないことがあるのもわかっています。そのうえで保育のお願いをしているのは、そうしなければならない事情があるからです。ただ、できるかできないかを、一緒に考えてみてほしいのです。考えたうえでできないと言われるのと、最初からできないと言われるのは、まったく違います。子育てや介護など支援が必要なケースには、それぞれの事情があり、すべてが例外です。だから困っていて、個々のケースに対応できる制度こそ、本当の助けになるのです。そんな制度が増えることを、切に願ってやみません。

3　復職後の日常 ── 子どもに合わせて変化する保育のかたち

3-1　復職のための復職

　子どもを預かってくれる人が見つかったことで、ようやく復職のめどが立ちました。ただ、当時の自宅は駅から遠かったうえ、夫の大学からも少し離れて

いました。保育サポーターさんの通勤事情や、子どもに何かあったときには夫がすぐ対応できるようにということで、夫の大学の近くに部屋を借りてそこで保育してもらうことにしました。

　まだ歩かない子どもに広い部屋は要らないし、賃料の問題もあるのでワンルームマンションを借りるつもりで、子どもを抱えながら不動産屋を回りました。しかし、そのような用途であればワンルームマンションは貸せないと軒並み断られました。学生さんや単身の方が多いワンルームマンションに子どもは困る、というオーナーが多いのだそうです。仕方がないのでワンルームはあきらめて、2Kの部屋を借りることにしました。そして暑い夏が終わりやっと秋らしくなった頃、ようやく復職することができました。

　朝、私は自転車で最寄りの駅へ行き、地下鉄と新幹線を乗り継いで京都へ向かいます。夫は車で保育用の部屋に子どもを送りに行って、保育サポーターさんに子どもを預けます。帰りは、私が子どもを迎えに行って保育サポーターさんからその日の様子を聞き、それから子どもと車で家に帰ります。夫は大学から地下鉄で駅まで来て、私が朝置いていった自転車に乗って帰宅します。バタバタと慌ただしく毎日が過ぎていきましたが、仕事と子育ての日常がどうにか回りだし、とても充実していました。

　経済的なことをいえば、復職したためにかかる費用は、復職してもらえる給料と同じくらいといってもいいほどでした。保育サポーターさんへの謝金（それでも民間のベビーシッター会社の相場よりは少し安かったです）、新幹線を含めた通勤費（支給される交通費の上限をはるかに超えていました）、保育のために借りている部屋の賃料を合わせると、復職するために復職した、としかいえないような状態でした。しかし、まさにそれが望んだことでした。研究者にとって、継続できるキャリアのあることがどれだけ重要かはいうまでもありません。そして大前提として、生活のための費用には夫の収入を充てられたからこそ、このようなやり方が可能であったことに感謝しています。

3-2　酸素ボンベとともに

　周りの人たちの支えがあって無事に職場へ復帰できたとはいえ、病児をおいて名古屋から京都へ新幹線で通勤する毎日をずっと続けられるとは思いませんでした。けれど、子どもの病院のことがあるため京都へ引っ越すという選択も

ありませんでした。京都大学での職には任期があったこともあり、私はできれば自宅と病院のある名古屋近辺へ異動したいと考えていました。そのとき幸いなことに声をかけてくれたのが、いま勤務している愛知淑徳大学です。

　愛知淑徳大学に異動してからも1年間は、保育サポーターさんにお世話になりました。その1年間は心臓の手術の3回目と4回目の間にあたり、子どもには「24時間在宅酸素」という措置がとられていました。これは常時、酸素ボンベから濃縮した酸素を吸入する療法です。最後の外科処置となる4回目の手術をできるだけ良い状態で迎えられるように、とのことでした。家や保育用の部屋にいるときは、ミカン箱くらいの大きさの酸素濃縮装置から管を通して鼻に濃縮した酸素を送り続けます。管は15メートルほどあり、その範囲で家の中を歩き回ることは可能でした。といっても、ヨチヨチ歩きの子どものことですから、しょっちゅういろいろな家具や物の角に長い管が引っかかってしまいます。そのたびに回らぬ舌で「さんそ～」と騒がれることになりました。ちなみに、かくれんぼをしても管をたどればすぐに見つけられます。

　外出するときは、携帯型の酸素ボンベを持ち（もちろん親が、です）そこから2メートルくらいの管で吸入します。外出時は私が背負ったボンベと2メートルの管でつながった子どもを追いかけ回すことになりました。携帯型といっても酸素ボンベは3キロあるので、子どもを抱き、ボンベとベビーカーや荷物などを持って階段を上らなければならないときは大変でした。生活のいろいろな場面でバリアフリーが進んでいるとはいえ、ちょっとしたところでの不便さを痛感することになりました。

　携帯型の酸素ボンベは2時間もちます。それ以上の外出時には何本か持って行くことになります。在宅酸素といっても、病状として在宅しなければいけないわけではありません。帰省や学会などで旅行もしました。そのようなときは、書類を出せば業者があらかじめ出先の家やホテルに酸素濃縮装置を手配してくれました。

　日本心理学会の大会が京都の立命館大学であったとき、初めて子どもを学会の託児室にお願いしました。申し込み時に託児室のスタッフの方と直接お話もしましたが、酸素吸入しているから断られるかと思いきや、大丈夫ですからどうぞ、とのことでした。当日も快く預かっていただき、親の心配もよそに、子どもはとても楽しそうに過ごしていました。聞けば、その託児室を請け負って

いる会社の方は、元看護師だったそうです。私の説明や子どもの様子を見て、これならばここで預かるのに特に問題ないと判断されたのでした。数時間のこととはいえ、本当に助かりました。何より、出産後再び学会に参加できたことが嬉しかったです。

3-3 学内保育室へ

愛知淑徳大学には、私が異動した翌年から学内に保育室ができました。心臓の4回目の最終手術も無事に終わり、酸素吸入もなくなったので、いよいよ保育園に入れることにしました。学内の保育室であれば、何かあったときでも私がすぐに対応できます。また、できたばかりで預けられている子どもの人数がとても少ないことも、最初の集団生活には安心でした。

名古屋大学の保育園ですっかり懲りていた私は、おそるおそる話をしにいきました。すると、園長先生に「これまで本当に大変でしたね。お子さんもお母さんもよく頑張られましたね」と言っていただき、ここなら大丈夫だと嬉しくなりました。園長先生は、名古屋市立保育園の園長を経て、愛知淑徳大学福祉貢献学部の教員になられた方です。学内の保育室は大学直轄で運営されていて、福祉貢献学部の実習現場でもありました。園長先生は、学内の保育室だからこそできることをしていきたい、という熱意を持っておられました。保育する子どもへの対応や預ける保護者の事情など、できる限り一人ひとりに寄り添っていきたいという姿勢が、現場にも表れていました。病気のことも「できることはなんでもしたい」と言って、保育士のN先生をはじめとして、毎日しっかりした観察と丁寧な対応をしてくださいました。おかげで私は、日中の子どもの体調についてもよく把握することができ、多くの人に支えられて安心して仕事を続けられる喜びと感謝の気持ちを改めて感じました。

3-4 今度は緊急入院、そして5度目の手術

心臓の手術がすべて終わり、これでやっと解放されると思っていたところへ、今度は胃の疾患で体調が急変するようになりました。これまで心臓の治療でお世話になっていた中京病院ではなく、小児外科のある名古屋大学附属病院へ救急車で運ばれ、そのまま名大病院で入院、私も付き添い入院をしました。付き添い入院する先は変わりましたが、基本的なことはこれまでと同じでした。詳

細な検査をした結果、しばらくは様子を見て手術するかしないか考えましょう、ということになり退院しました。

その後も、体調が急変して夜間救急からそのまま入院、という緊急入院が何度もありました。私は常に入院セットとして、子どもと私が入院するときに必要なものをまとめたボストンバッグを用意していました。緊急入院の期間はいつも4〜5日でしたが、私はそのあいだ基本的に仕事を休むことになります。

写真5-1　小児病棟のプレイルームにて　入院中でも遊びたくてたまらない。仲間のお友達もたくさんいて、いつもにぎやかな声があふれています。

これまでの手術にともなう入院は1〜2ヵ月くらいの期間だとあらかじめわかっていましたので、主治医の先生と相談して、手術は私の講義がない春休みに日程を調整していました。手術後の付き添い入院中に出て行かねばならない仕事があったときは、日中の付き添いを夫と交代してもらいました。どうしても夫の都合のつかないときは、東京にいる実家の母に名古屋まで来てもらいました。保育サポーターさんに来てもらったこともあります。しかし、緊急入院は予定を立てられません。しかも容態や治療内容の関係で、付き添いの交代も難しい状況でした。

治療の過程でつらいことはたくさんありましたが、なかでも大変だったのは、心臓手術後のきつい水分制限と、この緊急入院ごとの2〜3日にわたる絶飲食でした。点滴され飲まず食わずで、ただ安静にするしかないのですが、なんといっても小さな子どものことですから、言ってわかるものではありません。黙って我慢もできなければ、退屈をやりすごすこともできません。ぐずって泣いて、泣きつかれて寝る、を繰り返す入院生活でした。様子を見に来た先生に、子どもなりに考えたのか「アメならいいですか？」ときいて「まだダメだよ」と言われ、泣き崩れる子ども。水が欲しくて泣く、おなかがすいて泣くのに付き添うのは、親としてどうしようもないだけになかなかつらいものでした。

そのような緊急入院が何度もあり、いろいろな治療法を探ったのですが、やはり本人の身体にベストな根本的治療として胃についても外科処置をすること

になりました。これまで4回もの手術をしてきて、親としてはもうこれ以上の開腹手術はさせたくないという思いは強かったのですが、5回目の手術に踏み切りました。最終的にそのような気持ちになれたのは、やはり治療にあたってくれた先生への信頼です。お正月の深夜に緊急入院したときも、担当のO先生とT先生がかけつけてくれました。一連の長い闘病にあたって、多くの医師や看護師、病院を心から信頼してお任せすることができたのは本当に幸福でした。いま、うちの子どもは、とても元気です。子どもの治療に携わってくださったすべての方に、改めて感謝いたします。

4 一連の治療が落ち着いて

4-1 それでも子どもは病気になる

　風邪、発熱、嘔吐、下痢など、子どもはよく病気になります。そうなると保育園には行けません。緊急入院だけにかかわらず、子どもの病気は親の仕事へ大きく影響します。仕事を休むなら休んだ仕事の代替を考えなくてはいけないし、仕事に行くなら子どもを誰に預けるかを考えなくてはなりません。

　大学での私の主な仕事は講義と実習とゼミですが、仕事を休む場合、それぞれの対処は異なります。講義やゼミは基本的に休講にして、予備日に補講をします。実習など複数のクラスが同じ内容で進行していると、私のクラスだけ休講にして予備日に補講をすることができないので、他の先生が代講することになります。その時間に代講が可能な先生を確認しておいて、不測の事態に備えてあらかじめお願いをしておきます。緊急入院が頻発していた時期は、特に綿密に連絡を取らせていただきました。実際、当日の朝に代講をお願いしたこともあり、学科の先生たちには本当に助けていただいています。

　仕事にはどうしても休めないときがあります。そのようなときは、まず夫と仕事の調整をします。その日のなかで、お互いの休めない時間帯をみて、私が仕事をしている時間だけ、夫が私の研究室で子どもをみていたこともあります。以前お世話になった保育サポーターさんとも連絡を取っておいて、いざというときにはお願いします。学会の託児室に預ける予定で子どもを学会に同行していたときに、子どもが熱を出したこともありました。そのときは幸い私の実家

に近い関東での学会だったので、母に子どもをお願いして無事に発表ができました。

4-2　大学の保育室から地元の保育園へ

　愛知淑徳大学の保育室にお世話になって2年が経ち、子どもが小学校に入学するまであと2年になりました。保育室の園長先生からは、そろそろ同年代の子どもがいる地元の保育園に転園したほうがいいと薦められました。私にとって、大学の保育室はとても便利で安心でした。しかし、子どもにとって大学の保育室は、自分よりも年下の子どもしかいないので、そろそろ物足りなくなっていたのです。これからは就学に向けて、さまざまなことを身につけていかなければならない大事な時期です。そのためには、たくさんの同年代の仲間とともに生活していくことが必要でした。

　自宅から最も近い保育園は、名古屋市立の千種台保育園というところでした。子どもと一緒に見学に行くと、保育士さんや子どもたちが元気に挨拶してくれ、雑木林のある広い園庭でみんなと一緒にいつの間にかうちの子どもも楽しそうに遊んでいました。50年前に設置された古株の園で、建物は古いけれど手入れが行き届き、街中でありながら緑の残っているすてきな保育園です。もう一つ、できたばかりの新しくてきれいな保育園も見学したのですが、子どもはすっかり千種台保育園が気に入り、幸いここに入園できることになりました。

写真5-2　保育園最後の運動会にて　リレーのバトンを持って元気に走ります！

入園の希望を出すにあたって、千種台保育園の先生へ子どもの病気の話をしましたが、園長先生も担任のY先生も「大丈夫ですよ。何かあれば、毎日のなかでいろいろ相談してきましょう」と言ってくれました。愛知淑徳大学の保育室の園長先生も、千種台保育園あてに保育の現状などを記した書類を送ってくれました。初めての本格的な保育園生活で不安もありましたが、先生方に支えられてスムーズに新しい出発をすることができました。その後の毎日の生活の中で、先生方からのちょっとした成長の報告や小さなつまずきへの的確なアドバイスは、子育てをする私にとって大きな助けとなっています。

　保育園では本当にいろいろな体験の連続です。泣いたり笑ったり、話したり考えたり。作ったり育てたり、調べたり描いたり。ケンカしたり仲直りしたり、頑張ったり励まされたり。これから先、憶えていることも忘れてしまうこともあるのでしょうが、子どもにとって毎日が大切なものであることは間違いありません。残念ながら市の決定で閉園が決まってしまったため、いま、最後の一クラスだけになってしまった小さな保育園ですが、みんなが温かく見守っている保育園です。そんな保育園に毎日元気に通っているうちの子どもをみながらNICCUにいた頃を思うと、本当に夢のようです。

5　私のワークライフバランス

5-1　いろいろな働き方を選べたら

　私の現在の職は、少し特殊な契約です。簡単にいえば、大学の運営には関わらず、教育と研究に専念する立場です。いわゆる特任教員、というとわかりやすいでしょうか。講義だけでなくゼミや卒論、実習など授業のカリキュラムにあるものはどれも担当しますが、学内委員会や入試業務のような校務は担当しません。毎年契約を更新しますが定年まで再任が可能なので、実際のところ年限はありません。大学はこの職について、国公立大学を定年退官されたご年配の先生などを想定していたようです。私の年齢や職歴をみて、なぜあえてこの職に応募してくるのか、かなり不思議そうでした。応募にあたっては、私の事情を知っている在職の先生から、子どもが病気で名古屋の病院にかかっているから自宅近辺での勤務を希望している、今後も通院や入院があるので勤務内容

もこのくらいがちょうど良いからぜひお願いしたい、と説明してもらいました。

　私学は特に入試関連の校務が多く、地方への泊まりがけの出張もあります。実際、校務での出張がないのは本当に助かります。夫は年間を通してかなり出張が多いので、二人の出張が重ならないように調整することは困難でした。逆に、学会での出張は二人で行くこともあるので、そのときは子どもを連れて託児室に預けたり、交代で学会のプログラムに参加したり、懇親会には子どもも一緒に出席して楽しんでいます。うちの子どもは家族旅行とは「出張」のことだと思っているようで、保育園でお友達が旅行で休んだりすると、「○○ちゃん、今日は出張なんだよ」と言っています。

　ポスドク時代に就職先を探していたときには、その職種の具体的な内容まではあまり意識していなかったように思います。もっと言えば、具体的な内容を意識できるほど選びようもなかったのです。自分がたまたまそのような職に就き、そして実際に働いてみると、いまの私の仕事と生活のバランスを取るにはぴったりの職種だったと喜んでいます。子どもに病気があるので余計にそう思うのかもしれませんが、どうしても休めないという仕事が少なく、ある程度自分の裁量で仕事が調整できるのは本当に助かります。いまの私の生活は子育てに多くの時間を割いていますが、それはいつまでも続くわけではありません。いずれ私の生活の内容は変化していくでしょう。そのときまた、仕事とのバランスを考えていけばいいと思っています。

　私が着任する前まで、学科ではこの職種には年配の先生が採用されていました。私の着任後もこの職種で数人が採用されていますが、いずれも私より年下の先生です。これから結婚したり子育てをする可能性のある若手研究者にとって、このような職種は一つの選択肢となっているのです。

　仕事と生活のバランスを取るうえで、仕事の選択肢が増えることは重要です。生活の形態は千差万別、それを一人ひとりが仕事と調整しています。仕事に生活を合わせていくだけでなく、生活に仕事を合わせていけることが多くなれば、それだけ二つのバランスは取りやすくなることでしょう。自分は、どのように仕事をしていきたいのか？　どのような生活をしていきたいのか？　その人なりの生き方がワークライフバランスそのものだとすれば、要所で「選べる」ことが、その先へ進んでいく力を生むのだと思います。

5-2　ふつうでないことは、特別ではない

　私は心理学を専攻してそれを仕事にしてきましたが、心理学を学んでよかったと思ったことは特にありませんでした。心理学は興味の対象であって、何か自分の役に立てるために選んだわけではないので、それも当然です。しかし、子どもを持って初めて、私は心理学を学んでいてよかった、と思う機会がありました。

　子どもの病気は思いがけないショックでした。その最初の一撃が去ってみると、まあそういうこともあるか、と受け入れている自分を感じました。それは頭でわかっているだけ、というのではなく、ならばそれに向かい合っていこう、という心からの気持ちでした。子どもが生まれたその日に搬送されたNICCUで主治医の先生から話を聞いて帰る間際、子どもの担当看護師さんとなったYさんが私に「それにしてもお母さん、落ち着いていますね」と言ったことを覚えています。自分ではよくわからなかったのですが、たぶんそのときにはもう、すとんと受け入れられていたのだと思います。多くの病児の親御さんを見てきたYさんにはそれがわかったのでしょう。

　それから数日後、私を心配する母に、こういうこともあると思って気持ちは落ち着いている、と話しました。するとそれを聞いた母は、こう言ったのです。「あなたそれ、大学生のときに言っていたよ。『お母さん、いま心理学のいろいろなことを勉強しているけど、ふつうじゃないことは特別じゃないんだね。これから生きていくうえで何か起こっても、まあそういうこともある、と思えるような気がするよ』って」言われてみれば、そうでした。よほど自分でも印象的だったのでしょう、母にまで言うくらいですから。また、聞いた母が覚えているくらい、私にとって大切な気づきだったのです。十数年を経て、それがいま私を支えてくれていると自覚できたとき、心理学もけっこう役に立つものだなあ、としみじみ思いました。

5-3　信頼できるつながりを育てよう

　こうしてこれまでのことを改めて振り返ってみると、本当にたくさんの人に支えられてきたことを実感します。子育てしながら仕事をする場合でなくとも、子どもの闘病や保育には、親が頼れる人の存在が大切です。子育ては決して一人でするのではありません。家族だけでするのでもありません。しかし、実家

も遠く知人や友人もあまりいない場所で子育てをすることもあるでしょう。家族以外の人が関わる子育ては「信頼できるつながり」そのものです。私にとってその始まりは、寄り添ってもらうことでした。一緒に頑張りましょう、どうすればいいか考えましょう、と言ってもらうことで先に進む力を得ました。そして、ともに歩みながら信頼できるつながりを育てさせてもらいました。

　地縁や血縁が薄い現代社会では、そうやって一緒に歩んでくれる人を見つけられるような機会、また公的サービスや制度が必要だと思います。それは子育てだけでなく、たとえば親の介護の問題についても同様でしょう。これから先も、子どもの成長とともに、私たち家族がどのような子育ての環を広げていけるのか楽しみです。子育ては親育て、私も子どもとともに試行錯誤しながら、どうにか親になっていくのですから。

注1　本章2節における文中の制度や組織また対応などは、いずれも2008年当時のものです。

コラム

配偶者より

　京都大学霊長類研究所で研究員をしていたときに、市の児童発達支援事業実施施設へ週に一度通っていました。ここは、さまざまな障がいや問題を抱えた未就学児とその養育者がやってくる施設でした。ダウン症や自閉症のお子さんもいれば、義足をつけたお子さんもおられました。年齢も0歳から6歳までと、広い年齢層のお子さんがおられました。

　ささいなことがきっかけで毎週通うことになりましたが、それまでは発達心理学の授業も受けたこともなく、乳児が歩き出すのが何歳頃で、初語がいつ頃かなど、ヒトの発達にかんする基本的なことをまったく知りませんでした。そのような無知な状態だったので、保育園（当時は保育園と幼稚園の区別も怪しいものでした）に養育者がついてきて帰るまで一緒にいることさえ、不思議に思いませんでした。

　そのように定型発達する子どもの本来の姿を知らないので、あるお子さんが市立の保育園に入園したのをきっかけに、その子のいる保育園で参与観察させてもらうことになりました。そこで初めて、保育園の便利さ、ありがたさを理解しました。朝に子どもを預けて、夕方に迎えに来る。当たり前だと思っていたサービスは案外当たり前ではない、ということにようやく気づいたのです。

　近年は待機児童のことが社会問題となっているので、未就学の子どもがいても預かってもらえない、という状況についての理解が深まっています。各市町村の子どもの数と保育園・幼稚園の数によって、入園の審査のきびしさが異なりますが、一般的に母親の就労時間や、祖父母など育児を手伝ってくれる人が近くにいるか、などが入園できるかどうかの判断基準になります。

　しかし、わたしが通っていた施設では、そもそも審査のスタートラインに立てないでいる人たちがたくさんおられました。加配が付く／付かないということでは対処できない重度な障がいを抱えたお子さん、自分の子どもが定型発達とは様子が違うことを認められない養育者、ご家族から子どものことで批難されて途方にくれておられる養育者など、子どもを預けるどころではないという状況があることを初めて知りました。レット症候群について知ったときに受けた衝撃は今も変わりません。

こういった状況におかれた方々はあまり人目につきません。そのため、思ったよりも多くの人がそのような状況で困っておられることに気づきにくいかもしれません。しかし、もっと気づかないのは、ずっと入院している子どもたちです。義務教育を受ける年齢になれば（小学1年生から中学3年生）、院内学級に通うことも可能かもしれません。しかし、それまでの年齢では、年齢の近い子どもと社会性を育む機会がまったくありません。将来、病気の問題が解消されても、幼い段階で学んでおくべき社会関係がまったく築けていないということもありえます。

　入院している子どもをおいて養育者が帰ることはできません。そのため、養育者も一緒に病院で「暮らし」ます。子どもにとっても養育者にとっても、病室とその周りだけが世界のすべてなのです。こういったことは、自分の子どもと妻が長期間入院生活を送って初めて知りました。

　小児病棟にも遊戯室があり、ボランティアや保育士が来て保育園のような場ができることもあります。しかしそれは院内学級のように制度化されたものでなく、たまたま何か（節句や七夕）のときに出現する一過的なものです。

　市町村によっては数千人も待機児童がいるような状況で、病院にも院内幼稚園を、というと批判されるかもしれませんが、制度化された学びの場を希望する人たちは少なからずいらっしゃると思います。

　10数年前に児童発達支援事業実施施設で出会った母子家庭の1歳の男の子はいつも酸素をつけていました。あるとき、ベビーカーと男の子と酸素ボンベを担いだ細い身体のお母さんが、「先週末は、息子と二人で海に泳ぎに行ってきましたー」と笑顔で教えてくれました。自分の子どものことで、少し気持ちが弱くなったときには、いつもそのときの笑顔を思い出します。　　　　　（川合伸幸）

第6章 今になって思う研究者のワークとライフ

仲 真紀子

1 はじめに

1-1 研究者のワークとライフ

　私の生活は、決してワーク（職業）とライフ（個人の生活、家庭生活）のバランスが取れているとは言えません。あるときはワークこそがすべて！　と思い、あるときはライフこそが大事と思い、それでもどちらかといえばワーク中心の人生を生きているかしら、との思いがあります。けれども振り返ってみれば、それぞれに大きな価値があり、どちらか一方をおろそかにすることは、人生の大きな損失であるように思われます。二つの「世界」があることに感謝しつつ、すでに四半世紀前となってしまった子育てを中心に、研究者として体験しそうな問題（そして私も出逢ってきた問題）を思い出して書いてみたいと思います。

　子育てを担う女性研究者が遭遇する典型的な問題の根源には、子どもを宿し、出産し、子育ての主体になるのは生物学的にも社会文化的にも女性、ということがあると思います。また、このことと関連しますが、男女参画が進んできたとはいえ、職業を持つうえで女性はまだマイノリティであるということもあるでしょう。こういった現実は、複合的に以下のような問題を作り出しているように思われます。

　①一般に、研究職、特に文科系の就職口は限られており、職にありつくには博士号を取得し研究業績を上げるなどのハードルがあります。加えて格差の問題や、出産・子育てが重なるなどし、就職が遅れてしまいがちです。総務省（2012）の調査によ

れば、研究職に就いている女性の割合は、24年度でも14％であり、欧米（約3割）の半分程度でしかありません。女性研究者にとって、就職は男性以上に大きな課題です。

②たとえ就職できたとしても、社会の認識や制度が十分でないために、業績を上げられなかったり、昇任が遅れたりという状況もあります。科学技術振興機構の調査では、大学の人文科学分野における女性の助手（助教）の割合は57％であるのに対し、女性の教授の割合は16％でした。昇進を阻む問題や長期間勤務できないという問題があるのだと考えられます。

③そして、研究者には「研究」のみならず、教育、大学運営、学会や社会貢献なども求められます。女性の総数が少ないということは、責任ある立場になればなるほど、これらの役割が一人の女性に被さってくることを意味しています。そうでなくとも忙しいのに、さらに忙しくなってしまうという構造があります。

このように書きますと、女性研究者の道は前途多難、いばらの道であるように見えるかもしれません。けれども、軽く聞こえてしまうかもしれませんが、だからこそ面白みもあるというものです。

最近は、女性研究者を支える多くの仕組みが作られています。これらを利用しない手はありません。私たちが声を挙げることで、こういった制度をより充実させていくこともできるでしょう。そして、たとえ問題が十分に解決されていない状況にあっても、譲歩し、しかしあきらめることなく、ワークもライフも活かしていく工夫をすることができます。

ここでは上記の問題を踏まえつつ、ワーク、ライフに関わる事柄を（とはいえ、中心は「時間がない！」に集約されてまうところが多いのですが）やりくりするいくつかの工夫を書いてみたいと思います。

1-2　一次的コントロールと二次的コントロール

2013年に北海道大学で学位を取得した竹村明子さんは、人生の目標を阻む問題にいかに対処するかというたいへん意義深い研究をしています。この研究によれば、人生の目標を阻む問題に対処する行動様式には二通りあります。一つは一次的コントロール、もう一つは二次的コントロールと呼ばれています。

一次的コントロールは、妥協することなく目標を達成しようとする方略で

```
   一次的コントロール              二次的コントロール
        ┌──────→ ┌─────┐ ←──────┐
        │        │ 目 標 │        │
   ┌────┴────┐   └─────┘   ┌────┴────┐
   │環境の変化│              │環境に合わせて│
   │をはかる  │              │行動・認知を変える│
   └─────────┘              └─────────┘
```

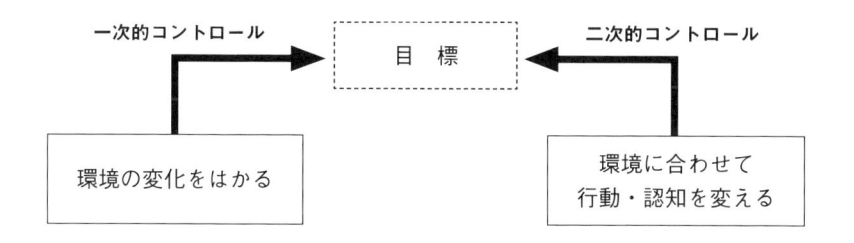

す。基本的には自分の行動を変えることなく、環境を変えていこうと努力します。子育てのために研究時間が足りないとなったなら、職場の近くに住み、人の手を借り、なんとか研究時間を維持しようとする。これは一次的コントロールだといえるでしょう。これに対し二次的コントロールは、目標はあきらめないけれどもこちらを譲り、あちらを調整しながらと、環境に合わせて自分の行動や認知を変えながら、目標の達成をめざす方略です。たとえば、これまで通り国際学会で研究成果を報告したい。でも、子どもを何日も人に預けることは無理。となれば、一緒に連れて行けるようになるまでは国内発表だけにしておこうと考える。このような対処法は二次的コントロールだといえるでしょう。

　竹村さんたちは看護専門学校の学生を対象に、次のような調査を行いました（竹村・前原, 2008）。学業に専心できる学生（単一役割群）と、職業または家事労働を担う学生（多重役割群）に、一次的コントロールと二次的コントロールをどの程度使っているか答えてもらいます。また、精神的な健康度を調べる調査も行いました。その結果、多重役割を持つ学生は二次的コントロールをたくさん使っていること、どちらの群であっても二次的コントロールをたくさん使っている人ほど精神的健康度が高いことが示されました。このことは、環境を変え、自己の行動を維持することだけが目標達成の道ではないことを示唆しています。環境に合わせて自己を柔軟に変化させることで、よりポジティブに目標達成をめざすことができるかもしれません。

　けれども、自分を環境に合わせるとは「がまん」しているようでいやだ、という声も聞こえてきそうです。では、多重役割を担い、二次的コントロールを多用するということは、「がまん」ということになるのでしょうか。

　女性研究者の大先輩である柏木惠子先生は、そんなことはない、多重役割のあるライフスタイルこそがより良い充実感をもたらすのだと説いています（柏

木, 2009)。家事労働と職場での労働時間を足しますと、仕事を持つ女性は男性よりも総労働時間が長くなります。にもかかわらず「過労死」を起こすのは男性が圧倒的に多い。先進諸外国の男性も、家事労働と職場での総労働時間は日本人男性よりも多いにもかかわらず、やはり「過労死」は起きていない。「過労死」に代表される精神的・身体的疲労は、労働時間の長さそのものよりも、単一の仕事だけに長時間従事することと関わっているのではないか、と柏木先生は指摘しておられます。また、一般に、育児不安は育児だけに専心している女性に高いということにつき、このことも「単一作業の長時間労働」と関係があるのではないか、と考察されています。職場での労働と家庭での労働という異なる活動をすることが、気分転換や新しい発想をもたらすことになるのではないか、というのです。

　柏木先生の論文にも引用されている加藤さんらの研究も興味深いものです。この研究では、仕事を持つ男性（夫）と女性（妻）を対象に、仕事と家庭の葛藤の程度や結婚や仕事への満足度、精神的健康度などを尋ねました（加藤・金井, 2006)。その結果、夫婦間で役割を調整しあったり、家事に完璧さを求めないなどの柔軟な対処行動が精神的健康度と関わっていることがわかりました。

　そういうことを考えますと、あれもこれもと気を遣い、身体を動かさなければならない私たちはラッキーなのかな、とさえ思えてきます。そのような観点に立ち、女性研究者の目標を阻むかのように見える問題に、どのように対処していけばよいか考えてみることにしましょう。

2 結婚、妊娠、出産、就職 ── すべてが重なる20〜30代

2-1 就職するまで

　上述のように、24年度の女性研究者の割合は14％です。しかし、文科省は欧米なみの30％をめざし、女性研究者研究活動支援事業の25年度予算を24年度の727百万円から1006百万円へと引き上げました。この事業は科学技術振興機構（JST）による「女性研究者研究活動支援事業」として展開され、事業に採択された大学では女性研究者を支援するセンターが設置されたり、研究助成がなされたりしています。この他、日本学術振興会の「特別研究員RPD」は、

出産・育児により研究を中断した／する研究者を支援する研究員制度であり、毎年50人程度が採択されています。

さらに、人文社会系の助成金は理科系に比べ限られていますが、住友生命「未来を強くする子育てプロジェクト」のように、人文社会系の女性研究者を対象とした助成金制度もあります。

また、大学によっては女性を対象とした助成金制度を設けているところもあります。たとえば、私の勤務する北大では、大塚榮子博士により作られた大塚賞があります。また、女性研究者を積極的に雇用しようという大学全体の動きもあります。女性教員を雇用した場合、その学部は一定期間、特典が与えられるような仕組みがあるのです。同等の力があるならば女性を採用するように、という方針も出されています（男性の方々、すみません）。とはいえ、理科系に比較しますとこういった支援はまだ不足しており、さらなる努力が必要だと感じます。

しかし、どのような支援があろうとも、就職にはマッチング、すなわち機関が求める人材と応募する人材との適合度が重要です。そしてマッチングを可能にするには、学位や研究論文がなければなりません。そう考えますと、あまり威勢良くは言えないのですが、制度や助成ももちろん重要であるものの、やはり日々研究を続けていくことが大切であるように思われます。研究さえ続けていれば、いずれ職はやってきます。要は意欲を失うことなくいかに楽しく研究を進めていくかであるように思います。

私にとって就職するまでにいちばんつらかったのは修士時代です。同級生は卒業し社会に出て仕事をしている。それなのに私は働くこともなく毎日を過ごしている。お天道様の下を歩いていてよいものだろうか……。顔は下を向きがちになり、足取りはトボトボと、となってしまう毎日でした。

けれども博士課程に進んだところで、一つ扉が開きました。覚悟ができたといいますか、もう研究者の卵になったことにしようと「決めた」のでした。就職できるかどうかは職があるかどうかに依存します。けれども、職がなくても「研究者」にはなれるではないか！　このように考えるとがぜん気持ちが楽になりました。ショーペンハウエルであったか、誰であったか「仕事というのは、やりたいからやるとか、やりたくないからやらない、というのではなく、ただ遂行するものである」という主旨の言葉（間違っているかもしれません）を壁

に貼って、日々の気分に左右されず仕事として「研究」することにしたのでした。これは今思えば、竹村さんの言う二次的コントロールだと思います。

2-2　結婚と妊娠・出産

　私は修士1年のときに結婚しました。夫は茨城県にある筑波大学、私は東京にあるお茶の水女子大学の学生でしたので、中間地点の我孫子（千葉県）というところに住んで、お金がないので庭の野蒜を取ったり、麦ご飯を食べたりしていました。その後、私はお茶大の博士課程に進み、夫は修士課程に進み、筑波大の世帯宿舎に入ることができました。結婚したら奨学金をいただけるようになり、たいへんありがたかったです。

　先に書きましたように、私はすっかり「研究者」のつもりになっていましたので、宿舎を研究所ということにし、宿舎に住む学生さんたちに協力してもらいながら調査や実験を行いました。そういうわけで就職しなければという焦りもありませんでした（楽観的ですね）。

　博士3年になったとき、夫が都内に就職し、つくばから引っ越すことになりました。結婚して4年経っており、子どもがほしいなと考えていた頃です。産み育てるには実家に入るのがいちばんだと、千葉にある実家に移り住みました。けれども駅から少し遠かったのと、自分の親だといっても何かと気を遣うこともあって、数ヵ月で断念。実家の最寄り駅の反対側、歩いて10分くらいのところにアパートを借りました。

　当時は博士課程の期間中に学位論文を書く人はあまりいませんでした。そういうわけで、私も学位を取るつもりはなく、ただただ実験や調査をして論文を書いていました。3年目が終わる頃、お茶大の助手にならないかと声をかけていただきました。ちょうど学術振興会の特別研究員からも採択通知をいただきましたが「勤務」があることに魅力を感じ、助手にしていただきました（特別研究員については助手の任期が終わったとき、再度応募してみましたが、あえなく不採択でした）。

　この年代は、いろいろなことが一度に起きるものです。ちょうどその頃、双子を身ごもったことがわかりました。大学では「よかったような困ったようなことですね」と言われ、医者からは「本当はもっと早くに産まないと」と言われ、妊娠の時期は頭では決められないと思いました。これはもう自然に任せる

のがよいと思います。

　そういうわけで、千葉から1時間ほどかけて、お茶大のある茗荷谷に通い始めました。しかし、おなかが大きくなるにつれ、職場の近くに住み、保育所が必要だと切実に思うようになりました。そこで保育所近くのマンションを探し、区役所にも足しげく通って、様子を尋ねたりしました。やがていよいよ身体も重たくなり、産休に入ると実家でごろごろし、10月に双子を出産しました。産休は6週間でしたので、1ヵ月ほど実家にいて12月頃都内に移り住みました。どのように引っ越ししたか、まったく覚えていませんが、1月から復帰することにしました。

2-3　最初の2年 ── 問題！　問題！　問題！

　実家住まいはすでに「失敗」経験済みでしたので、子育ては夫と二人でなんとかできればと考えていました。ちなみに、住んでいたマンションは、保育所からは3分、私の職場からは10分、夫の職場からは20分という、たいへんありがたい場所にありました。

　さて、妊娠しているときは、早く産まれてこないかなと思っていましたが、いざ産まれてくると、めまぐるしい忙しさに「こんなはずじゃなかった！」と悲鳴を上げたくなりました。本当にいろいろなことがありました。そのときに体験した事柄を思い出して書いてみたいと思います。

●お金がない！　当時のお給料が夫婦二人で30万円くらいだったでしょうか。

家賃は11万、光熱費・食費は5、6万くらいだったと思います。保育所は4月からでしたので、1月から3月まではベビーシッター協会というところからベビーシッターさんをお願いしました。毎日1万円かかりましたので、完全に赤字で、4月までには貯金は全部なくなってしまいました。やっと入れた保育所は、二人で1カ月あたり5万円程度の保育料で、とても嬉しかったです。

● 子どもの病気　赤ん坊は半年間くらいは免疫がありますが、そのあとは何やかやと病気になります。熱が出たり、耳垂れが出たり、手足口病にかかったりで、保育所からしょっちゅう職場に電話がかかってきました。病気のときは、保育所では預かってもらえませんので、ここでもまたベビーシッターさんにお願いしました。どうにも都合がつかないときは、電車で1時間半くらいかかるところから、夫の母、あるいは私の母に来てもらうこともありました。一度、赤ん坊の一人が2週間くらい入院することがありました。毎日暑い中を病院に通ったことを思い出します。

● ストレス　夫の職場はたいへん忙しく、私が迎え、対応しなければならない日々が多かったです。予防接種、病院通いと時間をやりくりするだけでもストレスがあるのに、泣き声でさらにイライラ。なぜ泣くのか理解できず「子育てはもう無理！」と親子三人（私と双子）で、大泣きしたこともありました。そのような中で、夫が週に一日「思いっきり仕事ができる日」を作ってくれました。時間を気にせず夜遅くまで研究室にいられるのがとても嬉しかったです。

● マタニティブルー　その頃、理由なく不安に襲われることがよくありました。朝、子どもを預けて歩き出すと、後ろからサーッと不安がマントのようにひろがって覆い被さってくるという感じです。すぐにどうにかなるわけではないのだからと自分に言い聞かせているうちに、いつの間にかなくなってしまいましたが、当時はすぐにでも死んでしまいそうな感じでした。これもストレスと関係があったのかもしれません。一度、非常勤をしていた大学で倒れてしまい、病院に運ばれて、その大学の方々にも夫にも、本務校にも迷惑をかけてしまったことがありました。加減がわからず、心と身体のコントロールは本当に難しかったです。

2-4　それでも毎日は進んでいく

　いろいろな問題を挙げましたが、気持ちのうえでの問題もありました。泣いている二人の手をつないで歩いていると「スパルタはだめよ」と注意されたり（スパルタで泣いていたわけではないのです）、保育紐につないで歩いていたら「犬みたいだからよくない」と指摘されたり、このときも親子三人で泣きながら帰りました。また、子育てが女性に期待される文化ですから「自分のことばっかりやっていて、子どもがかわいそう」「仕事はもうそろそろ止めてよいのでは？」などの言葉で傷ついたり、十分な子育てができないことで罪悪感を持ったりもしました。

　このような中で、当時お茶大にいらした内田伸子先生から教わった二つのことがたいへん励みになりました。第一は、子どもとのつき合いは時間が長ければよいというものではなく（もちろん長ければ長いほうがよいのでしょうが）、密度の濃い時間を持てればよいのだということ。応答性が重要だということです。これでずいぶん心が軽くなりました。

　もう一つは、何かあっても子どものせいにしないということです。「子育てしているんだから大変なのよ！」という気持ちになればなるだけ、大変感が増してきます。子どもの病気のせいで仕事に遅れたとしても、「子どものせいで」とは言わず、自分の責任で遅れたと言う。子どものことは自分の責任でもあるからです。子育ては特殊事情ではなく（ライフだけれど）仕事のうちと考え、事情の如何によらずたんたんとやる、というのが重要だと思うようになりました。

　この時期は、自宅、保育所、職場、（そして病院）をぐるぐる回っているばかり、という感じでしたが、それもなかなかよいものです。外に向かうことができないぶん（つまり、新しいデータも取れないぶん）、すっぽりと巣ごもりして何かに専念しやすくなります。私はこの時期を使って学位論文をまとめることにしました。学位論文はそれまでに行った研究を見返してまとめるという、いわば過去を振り返る作業になります。子育てが大変なときは、学位論文をまとめるちょうど良い時期ではないかと思います。冬眠する前のクマがドングリをたらふく食べるように、子どもが産まれる前にたくさんデータを取っておきましょう。

3 職業と生活

3-1 就職

　就職を人ごとのように考えていた私ですが、先輩や友人が職の公募に応募するのを見て、私も応募してみました。何度か不採用という経験をした後、ありがたいことに千葉大学で採用していただきました。

　そこで、都内から千葉に越してきましたが、ここもすんなりとはいきませんでした。3年いた東京も名残惜しく、最初は千葉大のある西千葉と東京の間にある西船橋というところにアパートを借りました。保育所も十分近いと思ったのですが、歩道のない細い道を子どもと歩かなければならないことを軽く見ていました。雨の日、子どもと手をつなぎ、(両手がふさがるので) 三人ともカッパを着て、びしょびしょになりながら保育所に行った後、ここには住めないと思いました。越してひと月しか経っていませんでしたが、再度引っ越しすることにしました。新しいアパートは、千葉大に歩いて15分、保育所はすぐ裏で1分もかかりません。夫が通勤する駅にも歩いていける距離でした。思えば、妊娠してから子どもが2歳になるまでの間に、実家、実家近くのアパート、茗荷谷、西船橋、そして千葉大の近くと5回も引っ越したことになります。ここで言えることは、職場と保育所と家が近いというのはたいへん重要だということです！

3-2 子どもが3〜5歳の頃

　近くに住むというのは本当にすばらしいことです。子どもや夫が起きるのが7時だとすれば、5時に起きて大学まで行き、一仕事して家に帰り、子どもを起こすということも可能です。夜も、7時に保育所に迎えに行った後、食事を持って三人で大学に行き、同僚が帰った後の研究室でビデオを見せながら1時間でも2時間でも仕事をすることができました。子どもの睡眠時間はどうなっていたのだろうと申し訳なくも思うのですが、そんなこともできました。

3-3 人の手を借りる！

　職住接近を果たせたとしても、授業の準備、ゼミ、委員会や教授会、そして研究と、時間は本当に限られてきます。ちょうどこの頃、夫は仕事を辞め、埼

玉県にある短大に就職しました。彼はずっと研究・教育職に就きたがっていたのでした。そして学位を取るために筑波大にも通い始め、そのため週末しか帰って来られなくなりました。このときは多くの人たちに助けてもらいました。

　保育所の迎えを、やはりベビーシッター協会のベビーシッターさんにお願いしていたこともありました。そうすることで、週1日でも、思う存分パソコンに向かうことができました。このシッターさんは、二人を連れ帰ってきて、用意してあるものを食べさせてくれ、ときには大根の菜などを使って常備菜を作ってくれたりしました。また、同じアパートにたいへん有能なお母さんがいて、私たちの生活を見かねて、お掃除などを申し出てくれました。

　また、この方と、もう一人、彼女のお友達に、テープ起こしやデータ入力をお願いしたりもしました。恥ずかしながら、お礼状の宛名書きをしてもらったこともあります。どれも私費でお願いしていましたので、いつも金欠状態でしたが、本当に助かりました。今であれば、研究については研究費で短期支援員などを雇用できますね。

　人に頼むということには「本当は自分でやるべきなのに」という後ろめたさがつきまといます。自分のやり方ではないやり方を受け入れる必要もありますし、つい遠慮してしまうこともあります。けれども、人様にお世話になるということは新しいことを学ぶチャンスでもあり、また、助けなしにはできないことがたくさんあります。

3-4　在外研究・国外での研究

　当時は、35歳までの研究者が応募できる若手在外研究プログラムという制度がありました。採択されれば10ヵ月間、国外で研究することができます。ここを逃すとなかなか海外に行けないと思い、就職して3年しか経っていなかったにもかかわらず申請しました。職場にも迷惑をかけましたし（「今行ってもらっては困る」という意見もいただきました）、夫からも「別れるつもりで行ってくれ」と言われる始末（10ヵ月間なのに……）。父に、内容は言わず「たとえ結果がうまくいかなくても、やってみて失敗するほうが、やらないままよりいいよね」と禅問答のような相談をもちかけたところ、「そうだよ」と言うので、決心がつきました。今ならネットさえつながればメールもスカイプもありますし、海外にいても隣にいるような感覚がありますが、その頃の幼児二人を連れての渡米は、やはり勇気のいるものでした。

　運転免許証を取得し、ビザを取り、帰国後同じ保育所に戻れるように手配し、予防接種等さまざまな手続きを行い、不安いっぱいでノースカロライナ州に向けて旅立ちました。ちょうど義務教育の一部となっている幼稚園に入れることができ、放課後は同じ学校の「アフタースクール・プログラム」で面倒をみてもらいました。ホストとなってくださったルービン先生、同じ大学の研究員、お母さん仲間などに助けられ充実した研究生活を送ることができました。

　問題は解決していくしかなく、なんとかなっていくものです。周囲には迷惑をかけてしまいますが、得られたものをお返ししていけばよいのだと考えましょう。チャンスがあればぜひ行ってください。

4　学童期の子育て

4-1　学童保育

　小学校になると子どもは自分の頭で考え始め、なかなか言う通りになりません。「自己」に気づくということは、他者の存在や評価にも気づくということです。「人と同じ」ことをしたくて、親の価値観（たとえば、衣服はどんなものでもよい、プールのタオルは粗末なものでも機能は変わらない等）とは異なる行動を始めます。「みんな○○している、私もやりたい！」という子どもの要望

に応えて、地域の活動にも参加しました。

　一方で、友達とうまく遊べない、学校に行くのがいやなどの問題も起きるようになります。赤ちゃんで親の言いなりであった頃は、なんと楽であったことでしょう。子どもがともに生活する「人」へと育っていくぶん、何かと悩むことも多くなります。問題には即座に対処していくのがよいという同僚のアドバイスを得て、対応することもありました。

　とはいえ、こういった課題よりも前にある、小学校に入ってまずぶつかる問題は放課後をどうするかです。保育所仲間のお母さんで、リーダーシップを発揮してくださる方がいて、その方たちと一緒に「黒砂子どもルーム」という学童保育所を作りました。請願書を書いて、市役所に行って、数々の話し合いをして……という手続きがあったと思うのですが、今となってはほとんど記憶にありません。リーダーのお母さんに頼りっぱなしだったせいかもしれません。いずれにしても、皆で出資し、事務所用の部屋を借りあげ、学童保育員となってくださる先生を探し（千葉大学の学生さんにも保育員になってもらいました）、午後7時くらいまでみてもらいました。皆で集まってバーベキューをしたことなどが思い出されます。ネットで検索してみましたら、今もその場所にあり、市の施設になっているようです。こういうこともできるんですね。

4-2　預けること、預かること

　それでも、学童保育でも間に合わないことがありますし、何よりも学童保育は3年生まででした。そこで、塾や英会話などに通わせたりしました。それでも間に合わないときは、子どもを預けたり、逆に預かったりということもよくやっていました。お泊まりさせてもらったり、お泊まりしてもらったことも度々ありました。

　昨今は、このように預かっている最中に事故が起きたらどうするかといった問題があり、預かることも預けることにも躊躇があると聞いています。けれども子どもの世話を共同ですることは、単に自分の時間が増えるということだけでなく、子どもの生活を豊かにする機会の一つになると思います。

　話は飛びますが、私は今、司法面接（forensic interview：裁判などの司法の場面で精度の高い情報を得るための面接法）の研究をしています。研究成果を司法や福祉の専門家に提供するプログラム（司法面接研修）も行っていますが、

そこで、お子さんの協力者に大学に来てもらい、被面接者役となってもらうことがあります。お子さんを学校から大型タクシーに乗せて大学まで来てもらい、その後はまた送り届けることになるのですが、この期間中、お子さんを対象とする保険に入っていただいています。

　子どもを預かり、預ける中で事故が起きることはめったにないと予想されますし、だからこそ保険金も安いわけですが、万が一のことを考え、保険に入っておくというのも一つのアイディアかもしれません。

5　二次的コントロール

5-1　ものの見方を変える

　環境を変えていくのが一次的コントロール、ものの見方を変え、環境に合わせて対処しようとするのは二次的コントロールです。竹村さんの調査では、二次的コントロールを使う人のほうが精神的健康度が高いという結果でした。また、金井さんらの調査でも、家のことを柔軟にこなすと回答した人のほうが、適応度が高いという結果でした。「こうしたい」「こうあらねばならない」という意識を少し変えるだけでぐっと楽になるということもあるかもしれません。下記はやってうまくいった（と思える）ことです。

5-2　「反射」で片づける

　「脊髄反射」という対処法（？）は助手の時代に考えたことですが、子育てやその後の勤務においてもとても役立っています。私の助手時代は、用務がなければ自分の研究をしていてもよいというたいへん恵まれたものでした。そのため、事務室につめながらも、学生さんや業者さんが来なければ、論文を読んだり、文章を書くことができました。が、人間は贅沢なもので、のめり込むことが許されると、「すみませーん、トナーがなくなっちゃいました」「この文献はどこにあるんですかー」などの要請に、「目の前にあるのに！」などと、イライラ感が生じたりするものです。本に紙をはさんだりしてしぶしぶ立ち上がる、ということを何度か繰り返すうちに、これでは自分がつらいと気づきました。なぜイライラするかといえば「私は今、重要な論文を読んでいる。トナー

交換／図書検索はこの楽しい作業をじゃまする妨害だ」と思ってしまうからです。このような大脳皮質の活動（？）がいけないのだと思い、助手席に着いている間は、何か用が入れば、大脳皮質を通さずに、脊髄反射でピョーンと席を立つことに決めました。「すみませーん」（まだ用務を言われないうちに）「はい、なんでしょう！」（と席を立つ）。こうするとたいへん楽になることがわかりました。

　この方針は、子育てでもたいへんよく機能しました。論文を読んでいる、書いている、ここで止めたら何していたか忘れてしまう、そんな思いがあっても、「おかあさん！」という言葉にはピョーンと立って対応することで、イライラ感がなくなりました。「ちょっと待ってて」「あとで」と言うと、どのくらいが「ちょっと」「あとで」なのか、考えなければなりませんし、子どもからの要請をそこまで維持するのが負担になってしまいます。

　この方法は、もちろん教員になってからも役立っています。何か要請があれば、間髪おかず（というつもりで）「はい、なんでしょう」。良いアイディアは一瞬忘れてもまた戻ってくるものと信じつつ……。

5-3　プライオリティを決める

　私は、ものごとを決めるのが苦手です。宿泊先のホテルを決めるときは、原則がなくていつもあれこれ悩みます。金額、駅からの距離、見た目、広さ等、チェックすべき点がたくさんあって、全部を満たすものがないので、最初は値段で決めたものの、狭くって膝をぶつけるようだといやだなとか、シャワーしかないのか、とか、でもやっぱり高いとか、ぐるぐる回って、なかなか決められません。その時間が半端でないので、自分でも本当にイヤになってしまいます。

　けれども先輩を見習って、ライフ、ワークでは原則を決めてきました。仕事では「研究」を第一にもってきます。「研究」のためであれば、スケジュールも、対応するメールも、学生さんからの要請も、お金の使い道も優先することにしています。基本「OK」ということで進めます。

　生活の中では衣食住のうち、まずは「住」。先述のように、住で重視することは、何よりも職場との距離で、子どもが小さいときは保育所や学校の近くでした。近くでさえあれば、他のことは二の次にします。

次は「食」です。最近は少しおざなりになってきましたが、多少高くても安全重視の食品を共同購入します。時間がないので、質素な食事になりますが、できるだけ出来合いのものを避けて自分で作ります。以前、研究者の友人が「特技は？」ときかれて「スピード料理」と答えていました。感銘を受けて、私もスピード料理に精を出しています。

　別のところにも書きましたが、究極の食事は夫が発明したサバイバル飯です。キャンプに行ったつもりになり、畳の上にビニールシートをひいて、大きなボウル（直径30cmくらい）にご飯（玄米ご飯で子どもたちは黒ご飯と呼んでいました）と生卵を数個いれ、ぐるぐるかき回します（納豆を入れてもよいです）。そして、みんなで、車座になって、スプーンで同じボウルから取って食べるのです！　すぐできて、洗い物も少なくて、栄養もあって（野菜が少ないかもしれませんが）みんなで先を競って食べることができます。

　「衣」のプライオリティはいちばん最後でした。保育所時代は、近所の方からお古をたくさんいただいて着せていました。何を着せるか考えるのが面倒なので、「上」と「下」という箱を作って、「上の箱」にはTシャツ、ブラウス、トレーナーなどを、「下の箱」には半ズボンや長ズボンなどを入れておき、子どもたちに選ばせて着せていました。変な組み合わせになっても、ま、それはよいかと目をつぶります。一時期、子どもたちが翌日来ていく服を着て寝ていたことがありました。よく眠れないのではと注意しましたが「朝になったらわざわざパジャマを脱いで服を着るのは大変だ」と言うので、それもそうだと納得し、そうさせていたことがありました。

　子どもは後におしゃれになりましたが、私はそのときのままで、今も上（セーター）と下（ズボン）の組み合わせで毎日を過ごしています。アメリカのハッシャー先生という方も「私は黒いセーターに決めている。スカーフで変化をつけるのよ」と、衣服選びで悩む時間の短縮案をくださいました。

6　おわりに

　人生は予測がつかないものです。夫は勤務していた短大の経営が思わしくなくなり、福岡の大学に移りました。そして私は今、北海道です。研究者の夫婦が同じ地域の職場で職を得ることは難しく、新幹線や飛行機を使って行き来している夫婦、家族はめずらしくありません。

　この他、自分ではなくパートナーが国外に出たり、あるいはシングルに戻ったり、子育てがうまくいかなかったり、健康上の問題を抱えたり、介護の役目が回ってきたりと、どんなことでも起こり得ます。職場でも、抱えきれないほどの仕事を任されたり、対決しなければならなくなったり、人の問題解決に関わるなど、さまざまなことがあるでしょう。夫もそうでしたが、勤務先がなくなってしまうこともあるわけです。

　けれども、どんなことがあっても（収入や地位に関わりなく）二つの世界を持ち続けることは生活を豊かにしてくれるものだと思います。まずはできるところで環境を改善し（一次的コントロール）、できないところは認知的に柔軟に対応し（二次的コントロール）、逆境は問題解決の場だと考えることができれば、と思います。

　以上をまとめますと、環境を変えることとしては、
- 職住接近
- 人の手を借りる（かかる費用は仕方がない）
- 必要とあらば、作ってしまう（子どもルームなど）

認知を変えられることとしては、
- 反射で乗り切る
- プライオリティを決める
- （特段書きませんでしたが）楽観的に考える

などでしょうか。リストをどんどん足していっていただければと思います。

●引用文献

竹村明子・前原武子（2008）社会的制約による対処方略の違い：外的に設定された基準目標を目指す多重役割学生と単一役割学生の比較．発達心理学研究, *19*, 264-274.

柏木恵子（2009）ジェンダーの視点から〔常識〕を問い直す．理論心理学研究, *11*, 9-10.

加藤容子・金井篤子（2006）共働き家庭における仕事家庭両立葛藤への対処行動の効果．心理学研究, *76*, 511-518.

総務省（2012）平成24年科学技術研究調査 結果の概要．http://www.stat.go.jp/data/kagaku/kekka/index.htm

日本科学技術振興機構．女性研究者支援モデル育成事業について（資料1-1）．http://www.mext.go.jp/b_menu/shingi/gijyutu/gijyutu10/siryo/08041721/001.pdf

あとがき
　—— 研究者という「ワークの特殊性」と出産・育児という「ライフの一般性」のはざまで

　四十にして惑わず？　いやいや、「不惑」とは都市伝説なのですね。いまだに惑いっぱなしです。仕事と子育ての両立に悩みや疑問を抱えながら、ある子育て支援のイベントに参加したとき、初めて知りました。こうやって日々もがきながらなんとかしようとしていること、これを「ワークライフバランス」というのか！

　そうやって意識してみると、研究者のワークライフバランスのために、それぞれの大学や学会が独自に取り組みをしていることがわかってきました。ただし、自然科学系の研究者や学会が女性研究者の育成や支援に熱心なのに対して、人文社会系の意識はまだ低いように感じます。
　いわゆる文系の学部では学生の半分以上が女性なのはあたりまえ、たとえ共学であってもほとんどが女子学生であることも珍しくありません。ところが、平成22年度男女共同参画白書によれば、人文・社会・教育分野での准教授で女性は3割前後、教授では2割に満たないのです。女子学生は圧倒的に多いのに、女性研究者は少ないのが現実です。そして当事者にもまわりにも、そのような状況であることはなかば当然（あるいは仕方がない）という意識がいまだにあるのではないでしょうか？

　女性研究者がワークライフバランスをとることの困難は、職業人として出発する年齢がふつうの社会人よりも遅いために、出産適齢期とキャリアのはじまりが重なってしまうことにあります。就職するというワークのプレッシャーと結婚・出産・育児をどうするかというライフのプレッシャーが、短い期間で同時にやってきます。
　また、就職先のバリエーションも少ないので、結婚してもお互いの勤務地が離れているから別居しているという研究者は珍しくありません。夫婦が別居していれば、妊娠・出産・子育てのハードルはいっそう高くなります。だからこ

そ、既成の制度や枠組みを利用しながら、さらに独自の工夫が求められます。

　本書の例はいずれも、一見すると特殊な状況での特別な対応のようにも思えます。しかし、そのような人をわざわざ探し出してきたのではありません。私の知り合いの研究者が、たまたまこのような状況だったのです。内田先生はかつての職場の同僚で、和田先生は学部時代から研究分野の先輩です。郷式先生の育休は研究仲間の雑談から知り、仲先生は学会誌の編集委員会でご一緒でした。本書の例は、すごく頑張っている人の特別なケースではありません。ふつうに頑張っている人のよくあるケース、研究者のワークライフバランスとして、誰にでも起こりうることのひとつなのです。

　本書は、日本心理学会が発行している一般向けの学会誌『心理学ワールド』52号から57号に掲載されたコラムと、第76回日本心理学会大会でのワークショップ「研究者のワーク・ライフ・バランス：いろいろな子育てのかたち」が基になっています。私が『心理学ワールド』の編集委員を務めていたとき、誌面の刷新として新しい企画を考えることになりました。私はそこで、研究者が研究以外の生活、たとえば子育てなどを語るコラムはどうかと提案しました。ワークライフバランスと明らかに銘打たなくとも、それを意識してもらうきっかけにしたいという思いでした。しかし、はたしてそういうものが受け入れられるのか、自信はありませんでした。すると、編集委員長の仲先生が即座に「それいいですね！　おもしろいと思います」と賛成してくださいました。
　はじまったコラムは順調に連載を重ね、学会でのワークショップへとつながりました。「ワークライフバランス」「子育て」というキーワードのもと、たくさんの若手研究者が参加してくれました。フロアからの熱心な意見や、演者同士でも話が尽きずいつまでも会場に残って話し込んでいたことなど、やはりこの問題への関心は高いのだとあらためて思いました。

　そして、このように本として出版されることになったとき、きわめて個人的な「わたしの」ワークライフバランスを書くことに意味があるのか、私を含めた執筆者全員がそれを不安に思いました。しかし、やはりそれこそが必要なのです。「わたしの」ワークライフバランスを読んだ方は、「これなら私もできるかも？」「これ、わかる?!」「もっとこうしたらいいのに」「いや、私はもっと

大変な状況で頑張ってる！」など、さまざまな共感や反論があるでしょう。それが「あなたの」ワークライフバランスです。

　百人いたら百通りのワークライフバランスがあります。多くの人がそれについて意識を向けること、考えること、選んでいくことが、仕事と生活の環境を豊かにするための大切な一歩だと思います。本書が「あなたの」ワークライフバランスを見つけるきっかけになることを願っています。

　いつもの仕事とは勝手が違い、なにをどう書けばいいのか悩みながら原稿を寄せてくださった執筆者の方々、また雑誌連載時から本書の刊行に至るまであたたかいコメントと的確なサポートをくださった新曜社の森光佑有さんに、厚くお礼申し上げます。

　最後に、執筆者を代表して、私たちの仕事と子育てを支えてくれる職場の皆様、保育・学校・地域および医療関係の皆様、祖父母たちはじめお世話になっているすべての方に、心より感謝申し上げます。そして、ワークとライフ──人生をともに歩んでいく家族に、あらためて深く感謝いたします。
　　　いつも　ほんとうに　どうもありがとう。

2014年8月
「保育園に入ったら病欠続き」「小一の壁」の前期をどうにか終えて
久保（川合）南海子

付録　本書に関するQ&A

Q．子どもが一人から二人になることで、ワークライフバランスはどのように変化しましたか？

> A．子どもが増えると対応する人手も増えるので、私自身のワークライフバランスの変化よりも、夫や実家の母のワークライフバランスの変化が大きいのではないかと思います。子どもが一人の場合とは比べものにならないほど、家族が連携して対処する機会が多くなりました。　　　　　　　　　　（久保）

Q．育休・産休を勤務先の大学に申請・取得した時は、どんな手続きや調整が必要でしたか？　なるべく早めに準備しておくほうがよいことには、どんなことがありますか？

> A．休業中のカリキュラムの調整が重要なので、まず学科の担当者に相談しました。その際にあらかじめ、育児休暇の期間を決めておき代替教員の目処をつけておくと、調整がスムーズに進むと思います。カリキュラムの調整がすんで育児休暇の期間が確定したら、給料や保険、税金等に関する手続きをしました。また、休業中には執行できない研究費等に関する手続きも必要でした。　　　　　　　　　　　　　　　　　　　　　　　　　　　　　　　　（久保）

> A．事務的な手続きについては、事務（人事）に尋ねれば大丈夫です。その他については、教室内の人間関係が良ければ、周りの同僚が何とかしてくれます。悪い場合には、かまわず育休に入れば、何とかするでしょう。そういう意味では、教室・講座周辺で良い人間関係を構築しておくことが準備と言えるかもしれません。とは言え、人間関係の維持のために研究（活動）が犠牲になっては本末転倒です。もともと悪い人間関係は育休を取っても取らなくても変わらないと思います。研究者の場合、近くの人間関係がうまくいかなくても、研究能力と努力があれば遠くの人間関係は相手から来ますから大丈夫です。その点、育児では近くの人間関係を良好に維持する必要に迫られることも多いので大変です。　　　　　　　　　　　　　　　　　　（郷式）

Q．遠距離結婚生活を維持するために、重要なことは何だと思われますか？

> A．コミュニケーションを絶やさないこと、信頼と思いやりをもって相手に対する配慮をすること、いざというときには家庭をしっかり守る覚悟をすることだと思っています。一日一回は電話で話をし、日常生活の些細なことも共有することは大切です。もちろんなかなかうまくいくことばかりではないのですが、電話でケンカをしないように……というのは肝に銘じています。
> 　　　　　　　　　　　　　　　　　　　　　　　　　　　　　　　　（内田）

Q．家事・育児と家計の主たる責任を夫婦で分業することのメリット・デメリットには、どのようなことが考えられますか？

> A．子どもが小さい時の家事・育児負担は非常に大きく、突発事態が次々と襲ってきます。期間限定であれば、夫婦のどちらかが家計責任から解放され、家事・育児に対応できる総時間を増やすメリットは大きいと思います。ただ、家事・育児と家計責任を夫婦で完全に分業してしまうと、片方が倒れた時に生活が立ち行かなくなるので、分業の恒常化は、リスク分散の観点からお奨めできません。
> 　　　　　　　　　　　　　　　　　　　　　　　　　　　　　　　　（和田）

Q．育休の最初の頃、慣れるのに苦労した家事や育児は何ですか？　子どもを持つ前から男性が準備しておいたほうがよいことは、何かありましたか？

> A．妻が完全にフルタイムで家事と育児の一切を担当する場合は困ったこともあったかもしれません。我が家の場合、妻が非常勤で仕事も徐々に増やしていったので、できないことで先送りできることは放っておくという方針でしたから、それほどは困りませんでした。ただ、妻はイライラしたかもしれませんが。それと、洋服、食器、食材、調味料などの入れ場所や入れ方は育休前から家事に参加し把握するとともに、妻と共にマニュアル化しておいたほうがよいと思います。また、不合理だと思っても妻のやり方に従ったほうが無難だと思いますが……。
> 　　　　　　　　　　　　　　　　　　　　　　　　　　　　　　　　（郷式）

Q. 病児保育の申請にあたり、何か特別な手続きを必要とする場面はありましたか？

> A. 特にありませんでした。逆にいえば、決まった手続きがあるような病児保育のシステムがなかったので、そのときどきに求められたものを提出していました。それは医師の診断書といった形式的なものよりは、緊急時の対応内容や日常生活における具体的な注意点などでした。　　　　　　　　（久保）

Q. 人生の節目節目で、ワークライフバランスのプライオリティに変化をもたらすものがあるとすれば、どのような出来事があると思いますか？

> A. 「これが節目だ！」とは気づかなかったのですが，後で思えば，夫の転勤や子どもの発達（保育所，小学校，中学校等の公的機関との関わりも含めて）が節目となっていたように思います。それぞれの変化が，私自身のワークライフバランスの在り方にも変化をもたらしたように思います。　　（仲）

Q. アメリカに滞在中、こんな子育て支援制度が日本にもあればいいのに、と思ったものは何かありましたか？

> A. アメリカの大学において子育て支援制度の有無はまちまちで、特に研究に特化した大学ではあまり制度は整っていないようでした。産休がなく、出産後すぐに授業をする女性研究者の話も聞きました。そのため、女性研究者たちはサバティカル（研究休暇）を利用して出産することもあるようです。子育て支援制度はヨーロッパの方が優れているのではと思います。アメリカの習慣でいいなと思ったのは、夫婦一緒に異動することがあることです。女性研究者を引き抜くときに、その配偶者も一緒に異動できるようにサポートすることがよく行われており、夫婦で同じ職場に配置することが好まれない日本とはずいぶん違っていると感じました。　　　　　　　　　　（内田）

Q．夫婦でお互いのワークライフバランスについて話し合ったとき、重視されたことは何ですか？

> A．仕事と生活の状況は常に変化していくので、その時々での優先事項を確認することです。同居、病児保育、異動後の仕事など、いま優先することを軸にバランスをとることを重視しています。短いスパンでも調整がとれていることが、長い目で見たときのワークライフバランスにも有効だろうと思っています。　　　　　　　　　　　　　　　　　　　　　　　　　　　　（久保）

> A．夫婦それぞれの役割分担と、育児・家事のバランス配分です。お互いの仕事内容を尊重し、それぞれが活躍できるよう、不公平感が出ないようにということをモットーにしています。「夫婦二人で合計のキャリア」を考え、それを共有するようにしています。　　　　　　　　　　　　　　　　　　　（内田）

> A．重視する点は夫婦で異なっていて、私は自分のキャリアを途切れさせないこと、夫は、家族が一緒に暮らすことに重きを置いていました。夫はIT系で、教育・研究職と比べれば職を探しやすいこともあり、私の勤務先にあわせて、家族が一緒に暮らせるように仕事を選んでくれています。　　（和田）

> A．実際のところ、あんまり話し合ったことはないです。というか、話し合って、計画を立てたりするようなものなのでしょうか？　現実は計画通りにいかなくて、予想外の問題が起こって、それをなんとかしていくしかないように思います。もしワークライフバランスについて話をしているとすれば、待機児童や教育に関するニュースなんかに対して、お互いに意見（というより単なる文句）を言うのをお互いに聞いて、お互いのスタンスを確認・修正しあう、といったことはしているかもしれません。　　　　　　（郷式）

> A．特段話し合うということはなかったのですが、「無理はしない。楽しく生きる」ということでしょうか。「夫がすべき」「妻がすべき」「子育てはこうあるべき」「仕事はこうあるべき」ということを整理すると、心が少し楽に……。　　　　　　　　　　　　　　　　　　　　　　　　　　　　　　　（仲）

Q．ワークライフバランスのさらなる実現に向けて、現時点で、課題だと感じられているものは何ですか？

> A．いろいろな場面で多様な選択肢のあることが必要だと思います。そのためには、支援制度をたくさん用意するというより、既存の制度内で臨機応変な対応を可能にして、できるだけ例外を少なくすることが、現実的で役立つものになるのではないでしょうか。　　　　　　　　　　　　　　　　（久保）

> A．固定観念です。男性と女性の生物学的役割や心理的性質に違いがあることは認めた上で、それぞれが出来る領域を社会の規範や信念が限定してしまっていないかを考え直すことも大切かと思います。たとえば私の夫が育休をとったときに「大丈夫なの」と難色を示したのは大体女性でした。こうした信念を変えるのは時間がかかることですが、モデルケースを提示していくことで変わっていくこともあると思っています。　　　　　　　　（内田）

> A．現在は夫が主夫ということもあり、ワーク（大学の業務）とライフはほぼ両立できていますが、研究とワーク（大学業務）、研究とライフの両立に難しさを感じています。研究に集中したい時は、すべてが雑事に思えてイライラしがちなので、研究モードとそれ以外を効率よく切り替えられるようになることが課題です。　　　　　　　　　　　　　　　　　　　　　　（和田）

> A．本当の課題が何なのかわからないことが課題です。ワークライフバランスは労働環境や社会構造の問題にされがちですが、本当にそうなのだろうか？
> 　そもそも現状は人間からロボットに仕事が置き換わり、これまでのように人間が「働く」ということができなくなっていく「産業革命」の過程なのではないでしょうか？　もしそうならば、今後、ロボットを導入するよりも安くつく場合に人間を雇うといったことが広がっていくでしょう。それを乗り越えるために、「労働」という概念の再構築、もしくはまったく新しい価値観の出現が待たれます。そのためには、本当の課題が何かが認識されることが課題と言えます。　　　　　　　　　　　　　　　　　（郷式）

A．多様な生き方を尊重し，応援することではないかと思います。「人と違うことをする」ということや「それぞれのプライオリティ」を認めていくこと。国家的には，年ごとの近視眼的業績主義ではなく，少し長いスパンをもつ評価体制が築けると，より豊かなワークライフバランスにつながるように思います（これは夫の意見ですが，私も大賛成です）。　　　　　　　　　　（仲）

編者・執筆者紹介

編　者
仲　真紀子（なか　まきこ）【第6章】
北海道大学大学院文学研究科教授。お茶の水女子大学大学院人間文化研究科博士課程中退。学術博士。専門は発達心理学、認知心理学、法と心理学。著書は、『法と倫理の心理学』（培風館）、『こころが育つ環境をつくる』（共編著、新曜社）など。

久保（川合）南海子（くぼ－かわい　なみこ）【第1章、第5章】
愛知淑徳大学心理学部准教授。日本女子大学大学院人間社会研究科心理学専攻博士課程修了。博士（心理学）。専門は実験心理学、老年心理学。著書は『老年認知心理学への招待』（共著、風間書房）、『エイジング心理学ハンドブック』（共訳、北大路書房）など。

執筆者（登場順）
内田由紀子（うちだ　ゆきこ）【第2章】
京都大学こころの未来研究センター准教授。京都大学大学院人間・環境学研究科博士課程修了。博士（人間・環境学）。専門は社会心理学、文化心理学。著書は『「ひきこもり」考』（共編著、創元社）、『農をつなぐ仕事』（共著、創森社）など。

和田由美子（わだ　ゆみこ）【第3章】
九州ルーテル学院大学人文学部教授。筑波大学大学院博士課程心理学研究科修了。博士（心理学）。専門は実験心理学。著書は『教育心理学をきわめる10のチカラ』（分担執筆、福村出版）、『マウス表現型解析プロトコール』（分担執筆、秀潤社）など。

郷式　徹（ごうしき　とおる）【第4章】
龍谷大学文学部教授。京都大学大学院教育学研究科博士課程修了。博士（教育学）。専門は認知発達心理学、教育心理学。著書は『幼児期の自己理解の発達』（ナカニシヤ出版）、『幼児が「心」に出会うとき』（共著、有斐閣）など。

女性研究者とワークライフバランス
キャリアを積むこと、家族を持つこと

初版第1刷発行　2014年9月17日

編　者	仲　真紀子
	久保 (川合) 南海子
発行者	塩浦　暲
発行所	株式会社　新曜社
	101-0051　東京都千代田区神田神保町 3-9
	電話 (03)3264 4973 (代)　FAX (03)3239 2958
	e-mail : info@shin-yo-sha.co.jp
	URL : http://www.shin-yo-sha.co.jp
組　版	Katzen House
印　刷	新日本印刷
製　本	イマヰ製本所

ⓒ Makiko Naka, Namiko Kubo-kawai, editors. 2014 Printed in Japan.
ISBN978-4-7885-1406-5 C1036

――――――― 新曜社の本 ―――――――

こころが育つ環境をつくる
発達心理学からの提言

子安増生・仲真紀子 編著

四六判288頁
本体2300円

揺らぐ男性のジェンダー意識
仕事・家族・介護

目黒依子・矢澤澄子・
岡本英雄 編

A5判224頁
本体2500円

少子化時代の「良妻賢母」
変容する現代日本の女性と家族

S．D．ハロウェイ／
高橋登・清水民子・瓜生淑子 訳

四六判400頁
本体3700円

ライフコース選択のゆくえ
日本とドイツの仕事・家族・住まい

田中洋美・M．ゴツィック・K．
岩田ワイケナント 編

四六判408頁
本体4200円

迷走フェミニズム
これでいいのか女と男

E．バダンテール／夏目幸子 訳

四六判224頁
本体1900円

実践の中のジェンダー
法システムの社会学的記述

小宮友根

四六判336頁
本体2800円

概説 子ども観の社会史
ヨーロッパとアメリカにみる教育・福祉・国家

H．カニンガム／北本正章 訳

四六判416頁
本体5000円

発達科学ハンドブック4
発達の基盤　身体、認知、情動

日本発達心理学会 編／
根ヶ山光一・仲真紀子 責任編集

A5判336頁
本体3600円

アロマザリングの島の子どもたち
多良間島子別れフィールドノート

根ヶ山光一

四六判208頁
本体2200円

あたりまえの親子関係に気づく
エピソード65

菅野幸恵

四六判192頁
本体1900円

おさなごころを科学する
進化する乳幼児観

森口佑介

四六判320頁
本体2400円

まなざしの誕生 新装版
赤ちゃん学革命

下條信輔

四六判380頁
本体2200円

乳幼児は世界をどう理解しているか
実験で読みとく赤ちゃんと幼児の心

外山紀子・中島伸子

四六判264頁
本体2400円

＊表示価格は消費税を含みません。